Thomas Rietzschel

Geplünderte Demokratie

Die Geschäfte des politischen Kartells

Paul Zsolnay Verlag

1 2 3 4 5   18 17 16 15 14

ISBN 978-3-552-05675-6
Alle Rechte vorbehalten
© Paul Zsolnay Verlag Wien 2014
Satz: Eva Kaltenbrunner-Dorfinger, Wien
Druck und Bindung: CPI – Ebner & Spiegel, Ulm
Printed in Germany

MIX
Papier aus verantwortungs-
vollen Quellen
FSC® C006701
FSC
www.fsc.org

»Eine durch langen Streit ermüdete Nation lässt sich bereitwillig betrügen, wenn man ihr nur Ruhe bringt, und die Geschichte lehrt, dass es alsdann, um sie zu befriedigen, genügt, im ganzen Lande ein gewisse Anzahl unbedeutender oder abhängiger Leute zusammenzuraffen und diese gegen Bezahlung vor den Augen der Nation die Rolle einer politischen Versammlung spielen zu lassen.«

Alexis de Tocqueville
»Der alte Staat und die Revolution«, 1856

Vorwort
Lügen haben kurze Beine

Etwas ist faul im freien Europa. Munter wird mit der Demokratie Schindluder getrieben; politisch angeschlagen taumelt der Westen. Schwindler und Wortbrüchige, Versager und Aufschneider, schlichte Dummköpfe und verschlagene Zyniker, Verklemmte und Gehemmte haben die Politik zu ihrer Sache gemacht. Das Staatstheater, an dem sie dilettieren, soll ihnen die Welt bedeuten. Herrschaftlich herausgeputzt, behaupten sie ihre geliehene Herrschaft in der Stunde der Gaukler. »Die Menschen«, über die sie sich gesetzt fühlen, werden versorgt und »durchregiert«, dass es eine Art hat. Unversehens beschleicht den Bürger die Ahnung, er könne womöglich als Untertan missbraucht werden. Der Behauptung, »in Deutschland herrscht eigentlich keine echte Demokratie«, stimmte 2012 die Hälfte von eintausend Befragten zu. Eine »besondere Kompetenz« wollten den Parteivorständen ganze acht Prozent zuerkennen. Beinahe siebzig Prozent meinten, den Politikern gehe es »nur um die eigene Stimme«, sie kümmerten sich »nicht genügend um die Probleme der Bürger«. Statt dass sich die politische Wirklichkeit den staatsbürgerlichen Wünschen annäherte, entfernt sie sich zusehends von den gesellschaftlichen Erwartungen. In immer kürzeren Abständen treibt der demokratische Notstand Junge und Alte, besser und schlechter Gestellte auf die Straße. Vor der Europäischen Zentralbank in Frankfurt am Main, auf dem Syntagma-Platz in Athen, in Paris, in Madrid, am Stuttgarter Bahnhof, überall flammt der Protest auf gegen das, was die Regierenden im Namen des Volkes beschließen. Dass die Inhaber der Macht überhaupt noch etwas tun könnten, wobei sie nicht zuerst den Machterhalt im Auge hätten, sondern dem Land, den Menschen, der Natur, der Zukunft, der Sicherheit dienen würden, wollen ihnen die Wähler nicht länger abnehmen, weder in Deutschland noch sonst irgendwo im westlich geprägten Europa.

»Es ist alles verrottet«, zitierte der französische Publizist Olivier Guez seines Volkes Stimme am 24. April 2013 in der *Frankfurter Allgemeinen Zeitung.* »Die politische Klasse«, schrieb er, sei »diskreditiert«, sie habe sich »als unfähig erwiesen.« Das Bild, das sie abgibt, erinnerte den Kritiker an die monarchisch verkommenen Zustände früherer Zeiten, an den letzten Auftritt einer abgewirtschafteten Kaste. Ihr Selbstbewusstsein kann sie nur mehr aus der Selbstinszenierung herleiten, wie der Hofstaat ehedem am Ausgang des 18. Jahrhunderts, kurz vor der Französischen Revolution. Nur dass es jetzt nicht mehr die Schlösser und die Bälle sind, sondern die Amtssitze und die Gipfeltreffen, die der Herrschaft Bedeutung gegenüber dem Volk verleihen.

Ein deutsches Kanzleramt, größer als das Weiße Haus in Washington, ein diplomatischer Reisezirkus, der eine Gipfel-Show nach der anderen abzieht, heute hier, morgen da, in Berlin, in Brüssel, in Davos, in London und dann wieder in Berlin – all das ist großes Theater in bombastischer Kulisse, bildmächtig einschüchternd, medial aufgepeppt und zum Erbarmen inhaltsleer. Die Resultate sind, betrachtet man sie aus der Perspektive des jeweils nächsten Events, immer die gleichen: Außer Spesen nichts gewesen. Mehr als fünfzig Millionen Euro soll der G8-Gipfel im Juni 2013 im nordirischen Enniskillen gekostet haben – oder waren es sechzig, siebzig, vielleicht hundert? Was spielt das für eine Rolle? Das Treffen hätte so oder so stattgefunden, auch zum fünffachen Preis. Es gehörte zur Agenda einer Politik, die ihre Existenzberechtigung aus dem Ritual herleitet. Gipfel für Gipfel kreißen die Berge, um am Ende nicht einmal eine Maus zu gebären, keine Beschlüsse, die etwas bewegten, Hoffnung weckten. Im puren Nichts liegt der Sinn der Inszenierung; nur so lässt sie sich unentwegt fortsetzen. Und jedes Mal bekommt das Publikum dann die gleichen Floskeln als der politischen Weisheit letzten Schluss zu hören: »Wir werden alles tun, was nötig ist, um die Probleme zu lösen.« Gebetsmühlenhaft dreht sich die Leier, die Lügen laufen vom Band. Kaum ist etwas beschlossen, wird es revidiert, selbstredend mit der Versicherung, dass man das, was nun gelten soll, schon immer gesagt habe. Nur wer die Kunst der Kehrtwende aus dem Stand heraus beherrscht, kann sich in der politischen Manege behaupten. Von vornherein verloren ist, wer beim Lügen noch rot wird.

Wenn Wolfgang Schäuble, der Baron unter den Schwindlern, gefragt wird, warum er heute für etwas eintritt, das er gestern konsequent ablehnte, die Lockerung der Sparpolitik, die Homo-Ehe, den Schuldenschnitt für Griechenland oder was immer, fällt ihm die Erklärung nicht schwer. Weiß er doch: »Das eine hat mit dem andern nichts zu tun.« Der gewiefte Politiker kennt das kurze Gedächtnis seiner Pappenheimer. Ihm gefällt die Welt, wie sie ist. Die Zustände, sagt er, seien dem Menschen angemessen, »weil sie ihn moralisch nicht überfordern«. Gerne beruft er sich auf eine »sympathische Skepsis gegenüber dem Furor der abstrakten Vernunft«. Der Dumme in diesem Spiel ist zum Schluss stets der für dumm verkaufte Frager. Wieso kann er es nicht lassen, nach etwas zu forschen, das es nicht geben soll: nach der Wahrheit hinter den Phrasen.

Auf dem Schwindel basiert das Geschäft. Das ist die ganze und die ganz banale Wahrheit. Da hilft es nichts, wenn wir die fraglos Überforderten bedauern, ihre Hilflosigkeit angesichts der Probleme menschlich verständlich finden, wie es Hans Magnus Enzensberger einmal versuchte, als er den Politikern nachsagte, dass sie ständig »zu Entscheidungen gezwungen« seien, »deren Folgen nicht absehbar sind«. Da sie uns selbst unentwegt das Gegenteil versichern, wenn sie behaupten, alles im Griff zu haben, bleibt nur das eine, die nüchterne Feststellung von Betrug und Hochstapelei. In der Wirtschaft wäre das Verhalten gerichtsnotorisch. Wer als Geschäftsführer eines Unternehmens so handelte, wie es für Minister und Kanzler selbstverständlich ist, käme wegen betrügerischer Insolvenzverschleppung hinter Schloss und Riegel. Nicht so in der Politik. Dort kann ein deutscher Finanzminister süffisant erklären: »Auch wir bescheißen gelegentlich, auch wir verstoßen gegen Regeln.« Genauso wie Jean-Claude Juncker, der 2011 als Vorsitzender der Euro-Gruppe erklärte: »Wenn es ernst wird, muss man lügen.« Entsetzen wollten sich darüber in beiden Fällen nur wenige. Die Lacher standen eher auf Seiten der Geständigen: was für coole Typen! Der politische Betrug hat die Anrüchigkeit verloren. Schlimmstenfalls wird er als Kavaliersdelikt angesehen, bestenfalls als taktische Finesse respektiert, als Diplomatie womöglich. Denn ist der Ruf erst ruiniert, regiert sich's völlig ungeniert.

Die Verhältnisse sind, um ein Wort aufzugreifen, dessen sich Hans-Dietrich Genscher gern bediente, wenn er seine Verhandlungspartner auf den Boden der Tatsachen zurückholen wollte, die Verhältnisse sind, wie sie sind, in unserem Fall verlottert und dominiert von Darstellern, die nicht darauf hoffen dürften, in einem Stadttheater in einer Nebenrolle besetzt zu werden. Waren es zu Zeiten eines Karl Kraus noch »Operettenfiguren«, die »die Tragödie der Menschheit spielten«, sind es heute bunt uniformierte Parteisoldaten, Schwarze, Rote, Grüne oder Gelbe, die in der fortlaufenden Telenovela des politischen Alltags reüssieren. Und wie im richtigen Fernsehen tut dabei jeder alles, um am Set zu bleiben. So wie sich der eine zum gelben Guido macht, indem er in den Farben seiner Partei – auf gelben Schuhsohlen – durch die Lande tourt, keilen sich die anderen zum Gaudium des Publikums in den Talkshows, während wieder andere ihr Glück machen, indem sie mütterlich lispeln oder brusttrommelnd »steinbrücken«, auf gut Deutsch mächtig auf den Putz hauen. Dass in dieser Herde schwarzer Schafe immer einmal wieder ein weißes auftaucht, eine ehrliche Haut wie der deutsche Euro-Kritiker Wolfgang Bosbach oder der Hamburger Bildungsbürger Klaus von Dohnanyi, der partout nicht glauben will, dass ein Wirtschaftsminister nichts von der Wirtschaft verstehen müsse, bestätigt wie jede Ausnahme doch nur die Regel. Es bleibt ein schwacher Trost, solange die übrigen Mitglieder der Truppe, präsidentenhaft gesetzte Heldendarsteller und lustige Personen mit der Begabung eines Gregor Gysi, zusammenstehen, um weiter mit Geld um sich zu werfen, mit Millionen und Milliarden, die ihnen nicht gehören.

Hebt doch mit jeder Wahl das gleiche Spiel von Neuem an. Um das Volk zu bestechen, ihm die Zustimmung zu dem, was man nicht zu bieten hat, abzukaufen, werden Versprechen auf Teufel komm raus gemacht. Wahlgeschenke werden in Aussicht gestellt, die nichts als ein Bubenstück sind: dreister Betrug. Denn alles, was man da zur Verlockung der Wähler aufbietet, muss den Beschenkten als Steuerzahlern wieder abgeknöpft werden, wenn es ihnen nicht schon vorher abgenommen wurde. Nach der vergangenen Bundestagswahl waren es, sauber gerechnet, in Deutschland zumindest vierzig Milliarden, die so von der einen in die andere Hosentasche wanderten. Der Bürger ist angehalten, für Zuwendungen dankbar zu sein, die er aus eigener Börse bezahlt, gereicht von Politikern, die ebenfalls auf seiner Gehaltsliste stehen – als Angestellte mit Zeitvertrag. Das Verfahren ist so absurd wie würdelos und in Deutschland unvereinbar mit dem Grundgesetz, dessen erster Artikel bestimmt: »Die Würde des Menschen ist unantastbar. Sie zu achten und zu schützen ist Verpflichtung aller staatlichen Gewalt.« Wo aber bleibt die Würde, wenn der Souverän, der mündige Bürger, von seinen Beschäftigten zum Narren gehalten wird? Welcher Angestellte dürfte sich seinem Arbeitgeber gegenüber Ähnliches herausnehmen? Wie kommt der Schwanz dazu, mit dem Hund zu wedeln? Darf man bei einem solchen Gebaren noch davon ausgehen, dass unsere Volksvertreter je den Versuch unternommen haben könnten, den Sinn des Grundgesetzes zu erfassen?

Ebenso muss man sich freilich fragen, was dem Bürger selbst seine Würde wert ist, wenn er sich von den haltlosen Versprechungen einer politischen Klasse ködern lässt, die schon jetzt das Vermögen der kommenden Generationen vergeudet. Ist das unausweichlich? Würden wir sonst an den Bettelstab geraten? Oder bedarf es der politisch organisierten Illusion grenzenlosen Wachstums, um beim Wettkampf um die Macht zu obsiegen? Warum lassen wir uns auf diesen fortdauernden Kuhhandel ein? Weshalb lassen wir zu, dass sich die Angestellten der Demokratie aufführen wie die Potentaten ehedem, als Gönner und Zuchtmeister ihrer Untergebenen? Welches Spiel treibt die politische Klasse, was treibt sie an? Wissen ihre Vertreter noch, wer sie verpflichtet hat? War Recep Tayyip Erdoğan, ein demokratisch gewählter Regierungschef, noch klar im Kopf, als er das Volk davor warnte, gegen ihn auf die Straße zu gehen? In welcher Rolle sah sich der baden-württembergische Christdemokrat Stefan Mappus, als er Wasserwerfer gegen Demonstranten einsetzte, die seinem Größenwahn Einhalt gebieten wollten? Haben wir dieser Hybris Vorschub geleistet, indem wir den Politikern von vornherein eine Prominenz zubilligten, der sie sich, ginge es nach guter demokratischer Sitte, erst einmal mit Leistung würdig erweisen müssten? Haben die Deutschen ihre Republik zu einem Ersatzkönigtum verkommen lassen, angeführt von einer Kanzlerin, die die Medien lieber persönlich bewundern, als dass sie noch nach dem Ertrag ihrer Taten fragten?

Braucht die Demokratie, wie es das ZDF ausdrückte, einen »Popstar der Politik«, der sich bisweilen gnädig mitfühlend und umsichtig vorbereitet unter die Menschen mischt wie beim großen Hochwasser 2013? Nachdem das Schlimmste vorbei war, hatte sich die Kanzlerin damals im Katastrophengebiet filmen und fotografieren lassen. Um die Kulissen aufzubauen, scheute ihr Stab weder Mühe noch Kosten. Auf einer Straße, die bereits gereinigt worden war, wurde noch einmal vorsichtig Schlamm aufgeschwemmt, gerade so hoch, dass er der »Chefin« nicht in die Schuhe lief. Zwei Feuerwehrautos mussten mit Martinshorn auffahren, dazu einige Soldaten mit Schaufeln, damit »die geforderten Bilder« geschossen werden konnten. Gebraucht wurden sie für das Fernsehen und den eben anlaufenden Wahlkampf.

Was lässt sich das Volk hier vormachen, was lässt es sich bieten? Warum erdulden wir Lug und Trug achselzuckend, als ob die Rosstäuscherei zum politischen Geschäft gehörte? Eine Rosstäuscherei zudem, bei der nicht einmal ein guter Handel herausspringt, die immer nur dazu dient, über den zuvor angerichteten Schaden hinwegzusehen. Oder wer wollte ernsthaft behaupten, dass zum Beispiel bei der so ehrgeizig betriebenen Euro-Politik bisher mehr herausgekommen ist als ein finanzpolitisches Desaster, verbunden mit einer politischen Pleite, die die Länder gegeneinander aufbringt? Nicht allein der französische Philosoph Bernhard-Henri Lévy, Weltbürger durch und durch, befürchtet, »dass es um die Seele Europas, die wir so sehr brauchen, noch nie so schlecht bestellt war wie heute«. Wie konnten wir zusehen, wie die besoldeten Regierungen ein derartiges Chaos anrichteten? Welche Gleichgültigkeit hat sich da ausgebreitet, welches Obrigkeitsdenken hat sich eingeschlichen und wie hat das die Demokratie unterminiert?

Um sich über all das Klarheit zu verschaffen, soll hier Klartext geredet werden. Den absehbaren Vorwurf, er betreibe billige Politikerschelte, nimmt der Autor gern in Kauf. Der Angriff gehört zur Kritik. In Watte verpackt, verlöre sie ihre Wirkung. Dafür, dass er das Versagen als solches kenntlich macht und die Versager beim Namen nennt, muss sich der Kritiker nicht entschuldigen. Peinlich wird es erst, wenn er wie die Katze um den heißen Brei schleicht, weil er befürchtet, dass es ihm ergehen könnte wie den »kleinen Hundchen, die in die Stube kritisiert haben und die nun erwarten, dass man sie mit der Nase hineinstößt«. Gesagt hat das kein Geringerer als Kurt Tucholsky in einem *Weltbühnen*-Aufsatz aus bewegter Zeit, von 1931, wo weiter zu lesen steht: »Es gibt nur zwei eherne Gesetze in der Kritik: die Wahrheit zu respektieren und, von ganz seltenen Fällen abgesehen, das Privatleben des Kritisierten unberührt zu lassen.« Daran will ich mich halten, das erste Gebot befolgen und gegen das zweite nicht verstoßen, nach Möglichkeit. Mehr ist nicht zu beachten, schon gar nicht der fadenscheinige Einspruch, der Kritiker solle, was er bezweifelt, doch gefälligst besser machen.

Dieses vermeintliche Totschlagargument geht an der Sache vorbei. Denn erstens steht und fällt der Wert jeglicher Kritik damit, dass sie von außen, also unabhängig geübt werden kann, und zweitens können sich brauchbare Alternativen immer nur aus der kritischen Analyse des Bestehenden sowie des Vergangenen ergeben. »Erkennen wir in dem, was einst vollbracht wurde, das, was [heute] getan werden muss«, schrieb der Vordenker des bürgerlichen Zeitalters, Jean-Jacques Rousseau, 1762 in seinem berühmten »Gesellschaftsvertrag«. Der Philosoph berief sich auf die Geschichte, über die er verfügt, zurück bis zu den Anfängen. Selbst das Orakel von Delphi, das die alten Griechen befragten, wenn sie nicht weiter wussten, konnte seine Weissagungen nur aus der durchdrungenen Vergangenheit herleiten. Wer dagegen glauben möchte, das Neue und Bessere ließe sich aus der Luft greifen, geht den Ideologen auf den Leim. Zweimal schon hat das in den vergangen einhundert Jahren Unterdrückung, Leid und Elend nach sich gezogen. Im Nationalsozialismus wie im Kommunismus sollte nur die Verheißung zählen, während das freie Wort unter Strafe gestellt wurde. Zum Scheitern verurteilt war dieser geistige Terror von Anfang an.

Damit, dass man vom Kritiker verlangt, was man selbst nicht zu bieten hat, kann man sich die Kritik nicht vom Halse schaffen, in der Politik so wenig wie auf dem Theater, in der Kunst oder der Literatur. Allerdings waren es bisher auch nur die Dümmeren unter den Betroffenen, die das versuchten. Und es spricht nicht eben für unsere Zeit, dass es inzwischen beinahe Usus geworden ist, den zeitkritischen Kommentar mit der Frage nach den aufgezeigten Auswegen vom Tisch zu wischen.

Der Schriftsteller Salman Rushdie sprach nicht bloß von seiner indischen Heimat, als er am 2. Mai 2013 in der *Frankfurter Allgemeinen Zeitung* feststellte: »Denjenigen, die zu anderen Zeiten für ihre Originalität und Unabhängigkeit gepriesen worden wären, wirft man nun vor, sie brächten Unruhe in die Gesellschaft.« Der Schriftsteller fand es überaus »merkwürdig«, »dass diejenigen, die ihre Stimme gegen Machtmissbrauch oder Dogmatismus erheben, auf Argwohn stoßen«. Wo, fragte sich Salman Rushdie, sind die kritischen Geister geblieben, warum haben sie sich domestizieren lassen?

Ein Problem mehr und nicht das geringste, das uns beschäftigen muss, geht es um den Fortbestand der Demokratie: Wie konnte es dahin kommen, zu der (un)heimlichen Kumpanei zwischen Politik und Öffentlichkeit? Haben die, deren Geschäft die Aufklärung sein sollte, vergessen, dass sie, so wieder Tucholsky, nur der »Wahrheit«, allein der Wahrheit und sonst nichts dienen sollten? Ist das Schnee von gestern? Gelten unterdessen andere Gesetze? Oder sind die Nachgeborenen als glücklich versorgte Kinder der Freiheit nur unbefangener, weniger skeptisch und sehr viel zutraulicher? Woher kommt ihr eigentümliches Verlangen, mit der Macht zu kuscheln? Warum glaubt der österreichische Schriftsteller Robert Menasse, als »europäischer Landbote« eine neue Demokratie verkünden zu müssen, ganz im Geiste der zentralistisch orientierten Parteien unserer Tage und deutlich geformt nach dem Vorbild des alten Josephinismus, der aufgeklärten Monarchie des 18. Jahrhunderts? Sollte diese aufgemöbelte Vergangenheit unsere Zukunft sein, die Herrschaft einer weisen Obrigkeit mit dem Dichter als beratendem Haushofmeister? Hatten wir das nicht schon des Öfteren, diese intellektuellen Überläufer, die den Verführungen der Macht erlagen, weil ihnen ein bisschen graute vor Lieschen Müller und dem sprichwörtlichen Mann auf der Straße? Haben sie noch immer nicht gelernt, bei ihren Leisten zu bleiben? »Wer schöne Gedichte schreibt«, sagt der Schriftsteller Mario Vargas Llosa, »kann bei seinen politischen Diagnosen ein Idiot sein.« Und in der Tat, wie geschichtsvergessen muss man sein, um unter Berufung auf die europäischen Werte administrativ oder geistig verbrämt

Hand an die Demokratie in ihrer gewachsenen Form legen zu wollen?

Auch diese Versuchung wollen wir uns hier historisch zu erklären versuchen, umso mehr, als die Demokratie ein politisches Erbe Europas ist, an dem sich die freie Welt weiterhin ein Beispiel nehmen wird, ungeachtet aller kulturellen Besonderheiten anderer Erdteile. Wo die Globalisierung für eine Nivellierung der wirtschaftlichen Verhältnisse sorgt, lässt sich die Ausbreitung einer politischen Ordnung, ohne die der ökonomische Fortschritt undenkbar wäre, auf Dauer nicht aufhalten, chinesischer Kommunismus und arabischer Fundamentalismus hin oder her. Auf den Plakaten, die die Demonstranten während der »Arabellion«, des arabischen Frühlings, auf dem Tahrir-Platz in Kairo hochhielten, stand auch »Thank you, Europe«. Was hierzulande so selbstverständlich anmutet, dass sich manche schon wieder zum Experiment herausgefordert fühlen, weckt anderswo die größten Hoffnungen. Wer da, wo die Wirtschaft prosperiert wie in Istanbul, für mehr Demokratie auf die Straße geht, zählt nicht zu den ewig Gestrigen. Insofern darf der modische Diskurs über die letzten Tage der nationalen Demokratie und den Beginn einer postdemokratischen Epoche getrost als Geschwätz abgetan werden, was nicht heißt, dass damit kein Unheil anzurichten wäre. Wer die Geschichte bewusst oder aus Unwissenheit verhöhnt, kann der Zukunft durchaus schaden. Ebenso kann er freilich im Strudel der historischen Ereignisse untergehen. Das ist schon oft genug geschehen.

Natürlich stimmt es, dass sich die Geschichte nicht einfach wiederholt. Ein schnauzbärtiger Diktator steht uns so wenig ins Haus wie ein aufgeklärter Monarch. Die Historie kennt keine Vorsehung. Geschichte ergibt sich; allenfalls kann derjenige, der den Zug der Zeit erkennt, ihr etwas auf die Sprünge helfen. Dem Historiker Helmut Kohl ist das 1989 gelungen, als er die deutsche Wiedervereinigung vorantrieb. Da sich die Zukunft aber öfter noch aus der Unzulänglichkeit menschlichen Handelns ergibt, lassen sich immerhin wiederkehrende Konstellationen und Gefahren absehen. Man kann erkennen, dass sich die Menschheit über die Jahrtausende hin wiederholt in Situationen gebracht hat, aus denen sie glaubte, keinen Ausweg finden zu können. Die verhängnisvolle Sehnsucht nach der erlösenden Katastrophe begann das gesellschaftliche Bewusstsein zu durchdringen, bis die Masse bereit war, mit fliegenden Fahnen auf die Barrikaden zu steigen oder in den Krieg zu ziehen, obwohl das bis zuletzt kaum jemand glauben wollte, auch 1914 nicht. Die Gefahr, die man heraufbeschworen hatte, wurde zugleich ausgeblendet. Vor allem die politische Klasse ist dann wiederholt Opfer ihres Realitätsverlustes geworden. Da ereilte es Honecker und Genossen 1989 nicht anders als König Ludwig XVI. zweihundert Jahre zuvor, 1789 in Frankreich. Noch als ihre Macht in »den Fluten der Demokratie unterging«, fühlten sich der Monarch und die Seinen zur Herrschaft berufen. Zwar waren ihnen die Ideen der Aufklärung vertraut, sie hatten vielleicht Voltaire gelesen, doch hielten sie die bestehenden Verhältnisse gleichwohl für unabänderlich, weil naturgegeben – für »alternativlos«, um wieder in den Jargon unserer Tage zu verfallen. Der Fall, wie ihn Alexis de Tocqueville in der 1856 erschienenen Schrift »Der alte Staat und die Revolution« darstellt, ist beispielhaft. Er offenbart das klägliche Ende einer politischen Klasse, die nicht fassen kann, dass sie ihre Funktion verloren hat. Der Adel, in dessen Händen die gesellschaftliche Organisation über Jahrhunderte gelegen war, war schlichtweg überflüssig geworden. Der Zweck seines Handelns erschöpfte sich schließlich in der Behauptung seiner gesellschaftlichen Stellung. Nachdem sie abgewirtschaftet hatte, war die politische Klasse, das Ancien régime, zum teuren Kostgänger der Gesellschaft geworden.

Wozu das führte, ist bekannt. Es müsste den ausgehaltenen Politikern unserer Tage zu denken geben. Auch sie haben sich »in ihrer Macht verschanzt« und mit dem, was sie im Kampf ihrer Parteien um die Macht verschleudern, das Maß des Erträglichen längst überschritten. Milliarden versinken im Strudel des politischen Aktionismus, in Baugruben, mit deren schierer Größe sich die öffentlichen Bauherren gegenseitig zu übertrumpfen versuchen, oder in Reformen, die nur angestrengt werden, um dem politischen Dasein Sinn zu verleihen. Das Karussell der Bildungsreformen bietet dafür das denkbar schlimmste Beispiel. Nicht zu reden von den Kosten, die die Verwirklichung der europäischen Großmachtträume verursacht. Wo sich der Sinn des politischen Handelns im Erhalt der politischen Klasse erschöpft, beginnt die Lotterwirtschaft der Verschwendung.

Nun ja, mag man jetzt, im fortgeschrittenen Stadium der Resignation, einwenden, so war es doch stets, erst recht in der Zeit, die wir selbst überblicken. Die christlichen, die sozialen und die liberalen Demokraten, sogar die Grünen, alle wollten sie an die Macht; und wenn sie sie hatten, konnten sie nicht von ihr lassen, koste es, was es wolle. Der Republikaner Richard Nixon versuchte seinen demokratischen Gegner abhören zu lassen. Es kam zur sogenannten »Watergate-Affäre«. Um sich im Amt des Ministerpräsidenten von Schleswig-Holstein zu behaupten, brachte Uwe Barschel 1987 seinen Herausforderer Björn Engholm in den Verdacht, Steuern hinterzogen zu haben und AIDS-krank zu sein. Völlig entgeistert fragte Heide Simonis nach ihrer Abwahl als Ministerpräsidentin von Schleswig-Holstein, 2005, was denn nun aus ihr werden solle. Noch als seine Niederlage feststand, erklärte der amtierende Bundeskanzler Gerhard Schröder der Wahlsiegerin Angela Merkel vor dem versammelten Fernsehvolk, dass sie nicht im Traum annehmen dürfe, je auf seinen Posten nachrücken zu können. Die Realität wollte er so wenig wahrhaben wie die Monarchen vor ihm. Jeder für sich eine kleiner Sonnenkönig im Zentrum seines politischen Vorstellungsvermögens.

Allein, der Selbstbetrug ist kein sicheres Fundament. Er mag den Aufschwung befördern; über längere Distanz trägt er nicht. Lügen haben kurze Beine. Und nur deshalb, weil der anmaßende Auftritt zur Selbstverständlichkeit geworden ist, sind wir nicht dazu verdammt, den parteipolitischen Machtmissbrauch zu erdulden. Wir müssen nicht zusehen, wie uns die Demokratie unter den Händen wegstirbt, zumal sich die Anzeichen dafür mehren, dass es der Bürger leid ist, sich an der Nase herumführen zu lassen. 75 Prozent der Deutschen fühlen sich von den Politikern übergangen. Der Protest dagegen, dass einige Bäume gefällt werden sollen, kann sich leicht zu einem Aufstand gegen die Regierung ausweiten, im Istanbuler Gezi-Park wie in der Landeshauptstadt Stuttgart.

Davon, wie dieser Widerstand wächst, wie sich der Bürger zu wehren beginnt, wie er der Parteienwirtschaft den Kampf ansagt, wie er denen den Spaß verdirbt, die glauben, nur so zum Spaß regieren zu dürfen, und welche Aussichten das eröffnen könnte, kurzum, von der beginnenden Wiederentdeckung der wehrhaften Demokratie soll in diesem Buch die Rede sein. Es handelt von einer freiheitlichen Ordnung, die nur bestehen kann, solange die Bürger ihre Politiker nicht von der Leine lassen. Liegt es doch im Wesen der Sache, dass die praktische Politik bei der Umsetzung ihrer Pläne immer wieder an die Grenzen des demokratisch Erlaubten stößt. Zu reden ist deshalb sowohl von denen, die zielstrebig auf den politischen Super-Gau zusteuern, indem sie im Namen Europas der Demokratie den Garaus machen wollen, als auch von denen, die wachsam und mutig genug sind, den selbsternannten Führern Europas Paroli zu bieten, selbst wenn man sie dafür als »Populisten«, als »Professoren«, »Wutbürger« und »Europafeinde« verleumdet. Es geht um die Moralisten der Demokratie sowie um die Pragmatiker der Macht – um die bürgerliche Gesellschaft am Vorabend einer demokratischen Umwälzung.

In den Schoß gefallen
Das Dilemma der geschenkten Demokratie

Die Deutschen haben es gut getroffen. Ebenso wie die Österreicher sind sie Glückskinder der Geschichte. Die Demokratie, die ihnen grundgesetzlich verbrieft zusteht, mussten sie nicht erringen. Die politische Freiheit ist ihnen zugefallen. Sie wurde ihnen – Ironie der Geschichte – verordnet, nachdem sie einer Diktatur zugejubelt hatten, die Europa ins Verderben stürzte. Es waren die westlichen Siegermächte, Amerika, Frankreich und England, die uns, Deutschen wie Österreichern, den demokratischen Wandel nach der Niederlage des Nationalsozialismus verschrieben haben. Das Verfahren glich einer therapeutischen Maßnahme. Wie so viele Therapien musste sie zunächst gegen den Widerstand derer, denen sie helfen sollte, durchgesetzt werden. Und wer weiß, wie dieser Diktatur-Entzug ausgegangen wäre, hätte der verlorene Krieg die Völker nicht so erschöpft, dass sie sich zur Gegenwehr nicht mehr aufraffen konnten. Der Einsicht eigenen Versagens verdankte sich die Annahme demokratischer Verhältnisse nicht überwiegend.

Noch 1988 brach ein Sturm der Entrüstung los, weil der Schriftsteller Thomas Bernhard es gewagt hatte, in seinem Stück »Heldenplatz« an den frenetischen Beifall zu erinnern, mit dem die Österreicher fünfzig Jahre zuvor den Einzug ihres Landsmannes Adolf Hitler in Wien feierten. In der Alpenrepublik passte dieses provozierte Aufleben verdrängter Schuld so wenig zum historischen Selbstverständnis wie in Deutschland die Erinnerung daran, dass Hitler 1933 keinen Putsch anzetteln musste, um an die Macht zu kommen.

Sie war ihm für trügerische Versprechen schlichtweg versteigert worden. Den Weg dazu hatte eine Öffentlichkeit bereitet, in der sich niemand genierte, der Monarchie nachzutrauern, einem Flotten-Kaiser, der das Parlament der Bürger, den Reichstag, als »Quatschbude« diffamierte. Heinrich Manns Erinnerung, der zufolge in der Weimarer Republik nachgerade französische Zustände geherrscht hätten, »weil in ihrer Exekutive einige sich selbst achteten«, der Geist dem Staat etwas gegolten habe, war die Erinnerung eines Hoffenden, die eines Realisten war sie nicht.

Der »Machtergreifung«, von der die Nationalsozialisten nachher sprachen, hatte es gar nicht bedurft. Vielmehr nutzten die Deutschen die Möglichkeiten der Demokratie, um die Demokratie in freier Wahl schnell wieder abzuschaffen. Eine Tatsache, die wir uns bei aller Anerkennung der statistisch belegten Zahlen und ungeachtet der dokumentarischen Aufarbeitung des Dritten Reichs, unzähliger Filme über Hitlers Frauen, Architekten, Generäle, Bauherren und Hunde, nur ungern bewusst machen. Lieber schlagen wir uns auf die Seite derer, die im Nachhinein versicherten, sie hätten nicht absehen können, was ihre Wahlentscheidung nach sich ziehen würde, obwohl doch gleichzeitig Tausende untertauchen und emigrieren mussten, weil sie vor den Folgen warnten, vor der Diktatur, der Verfolgung Andersdenkender, vor dem Krieg nicht zuletzt. Über diese Flucht ins Vergessen wäre weiter kein Wort zu verlieren, wir könnten die Angelegenheit den Historikern überlassen, wären Lehren aus der Geschichte gezogen wurden. Oberflächlich betrachtet scheint das sogar der Fall zu sein. Wo immer ein versprengter Trupp stampfender Neonazis aufmarschiert, stößt er auf die Übermacht antifaschistischer Demonstranten. »Rock gegen rechts« versammelt die Menge, in der Masse zeigen die Bürger Flagge. Geht es dagegen um die individuelle Herausforderung, werden sie vorsichtiger. Mit dem Verständnis, das die Nachgeborenen für das Arrangement ihrer Väter und Mütter mit der Diktatur aufbringen, wenn sie feststellen, »ich weiß nicht, wie ich mich verhalten hätte«, beziehen sie abermals die familiär vertrauten Positionen. Hinter der geübten Nachsicht steckt schon die vorsorgliche Entschuldigung eigenen Versagens. Weil man seiner Überzeugung nicht zu trauen wagt, optiert man dafür, im Ernstfall selbst nichts für die Verteidigung der Demokratie tun zu müssen.

Ein Eingeständnis politischer Unreife, das vielen umso leichter fallen mag, als es der kleinere Teil der Mitläufer war, der die Strafe für das Unheil absitzen musste, das der gewählte Nationalsozialismus angerichtet hatte. Nur jene, die das Pech hatten, auf dem Gebiet der DDR zu leben, wurden buchstäblich dafür in Haft genommen, über vierzig Jahre lang. Nach der braunen waren sie noch einer zweiten Diktatur ausgesetzt, der roten, für die sie sich nicht mehr freiwillig hatten entscheiden können. Die Demokratie, die der alten Bundesrepublik nach 1945 in den Schoß fiel, mussten sie sich 1989 auf der Straße erkämpfen. Was sie dabei riskierten, kann nur ermessen, wer erlebt hat, wie die Diktatur mit denen umspringt, die sie ablehnen. Unverständlich bleibt es den anderen. Ein Vorwurf ist ihnen daraus nicht zu machen. Für ihr Glück müssen sich die Glücklichen nicht rechtfertigen. Zu sehen ist nur, dass auch die gute Erfahrung den Horizont beschränken kann, den politischen in erster Linie. Wie sonst sollten wir uns die ablehnende Verblüffung des Westens erklären, als der Ostdeutsche Joachim Gauck nach der Wahl zum Bundespräsidenten die Verteidigung der Freiheit zu einem Leitthema seiner Amtszeit machen wollte.

Wieso dieses Aufhebens um eine Sache, die sich doch längst

von selbst versteht. Hinkte der Ossi den Verhältnissen nicht etwas hinterher? Gab es nichts Wichtigeres, soziale Gerechtigkeit, die Energiewende, das Elektroauto, das Rauchverbot, das Abitur für alle? Ja, sicher, Freiheit und Demokratie, gut und schön. Aber steht uns das nicht ohnehin zu, sozusagen von Natur aus? Muss man sich dafür besonders anstrengen? So oder so ähnlich mag es manchem, der sich damals im Stillen oder auch öffentlich über den Gauckschen Freiheitsfuror verblüfft zeigte, durch den Kopf gegangen sein. Und es stimmt ja: Wir verfügen über alle Instrumente einer repräsentativen Demokratie. Grundgesetz und Verfassung bieten dafür die rechtliche Garantie. Wir alle sind per definitionem Bürger eines demokratisch regierten Landes, Verfassungspatrioten, wie es uns Dolf Sternberger und Jürgen Habermas gelehrt haben. Aber hätten sich die Deutschen und wenig später die Österreicher ihre freiheitliche Verfassung auch aus freien Stücken gegeben, ohne den erzieherischen Einfluss der westlichen Demokratien, die man eigentlich hatte besiegen wollen? »Am deutschen Wesen«, hieß es einmal, »soll die Welt genesen.« Aus den Worten des aufrechten Patrioten Emanuel Geibel, auf dessen 1861 entstandenes Gedicht »Deutschlands Beruf« der Spruch zurückgeht, haben die folgenden Generationen ein tiefsitzendes Diktum deutscher Hybris gemacht. Kürzlich erst, am 6. Mai 2013, sprach Christian Lindner, ein führendes Mitglied der deutschen Freien Demokratischen Partei, von Deutschland als »der europäischen Führungsmacht«. Mag sein, dass ihm das in der Rage eine Talkrunde herausgerutscht ist; und vielleicht hat er sich danach selbst auf die Zunge gebissen. Nur wissen wir seit Sigmund Freud, was einem herausrutscht, muss man zuvor verinnerlicht haben.

Andererseits wäre es zu weit hergeholt, wollten wir mit Bertolt Brecht fortfahren und sagen: »Der Schoß ist fruchtbar noch …« So unmittelbar lassen sich Vergangenheit und Gegenwart nicht verbinden. Der historische Kurzschluss würde mehr verschleiern, als er erhellt. Der Antiamerikanismus, den wir unterdessen beinahe schon als festen Bestandteil deutscher Political Correctness ansehen können – die deutsche Bundeskanzlerin reist sehr viel öfter und engagierter nach Moskau oder Peking als nach Washington –, hat nichts mit der Verteufelung des Jazz und dem Verbot der »Negermusik« im Dritten Reich zu tun. Fortdauernd verstörend wirkt etwas anderes: die Selbstverständlichkeit, mit der die Amerikaner für eine existentielle Unabhängigkeit eintreten, die ihnen mehr bedeutet als der gesellschaftlich garantierte Unterhalt. Was daraus resultiert, überragender Erfolg oder bedrohliche Not, weckt ethisch-moralische Vorbehalte, bei denen man im Zweifelsfall bereit wäre, für die grundsätzliche Absicherung den Verlust der Freiheit in Kauf zu nehmen.

Die Versteigerung demokratischer Freiheiten hat Tradition in Deutschland sowie in Österreich. Selbst das Menetekel der Reichstagswahl von 1933 wird darüber leicht vergessen. Als die deutsche Bundeskanzlerin Angela Merkel nach ihrem ersten Wahlsieg 2005 erklärte, jetzt werde ordentlich »durchregiert«, schlug ihr Beifall von vielen Seiten entgegen. 2012 wünschten sich 56 Prozent der Deutschen eine Regierung, die sich mit starker Hand durchsetzt, dem Bürger »Orientierung« gibt und für seine materielle Absicherung sorgt. 1985 hatte der vom Allensbacher Institut für Demoskopie ermittelte Wert noch bei 40, 1994 bei 42 Prozent gelegen.

Offensiver als in den vergangenen Jahrzehnten des vorigen Jahrhunderts rückt derzeit wieder der soziale Aspekt in den Vordergrund der deutschen Demokratiedebatte. Dass dabei die mögliche Einschränkung bestehender Freiheiten verschwiegen wird, muss nicht verwundern. Politische Interessen bestimmen den Diskurs; und die Politiker wiederum wissen, dass sie mit Freiheitsappellen hierzulande so viel nicht ausrichten können – von der Auseinandersetzung um die Internet-Ausspähung ist später gesondert zu handeln. Das wirtschaftlich stärkste Land Europas hat keine Geschichte, die es mit der Demokratie verbinden würde. Das Verhältnis zu der politischen Ordnung, die seinen Bürgern gegeben wurde, ist theoretisch unterkühlt, bar jeglicher Leidenschaft: das Dilemma der geschenkten Demokratie.

Goethes Faust erklärt im ersten Teil seiner Tragödie dem Stubengelehrten Wagner:

»Was du ererbt von deinen Vätern hast,

Erwirb es, um es zu besitzen.«

Zwei Verse, die wir uns früher ins Poesiealbum schrieben, die auf Handtücher gestickt waren und als Kalenderspruch jedermann erreichten. Klassisches Bildungsgut im besten Sinne des Wortes, passend bei unterschiedlichsten Gelegenheiten und immer geeignet, die Probe aufs Exempel zu machen. Nur in unserem Fall ist damit nicht viel zu gewinnen, jedenfalls kein positives Ergebnis. Denn die ersten, die sich nach dem Zweiten Weltkrieg plötzlich in eine Demokratie versetzt sahen – in Wien wie in Berlin, in Hamburg wie in Salzburg –, hatten sie eben nicht von ihren Vätern ererbt. Und ihre Söhne wiederum mussten nachher nichts tun, um sich diesen Besitz in der zweiten, dritten und vierten Generation anzueignen, zu verdienen. Dazu waren sie nicht erzogen, weil es anders als in Frankreich oder in England keinen historischen Mythos gab, der der Demokratie identitätsstiftende Bedeutung verliehen hätte. Zwar hatten die Väter des Grundgesetzes nicht gleich am Anfang, aber immerhin in Artikel 20, Absatz 1 festgelegt: »Die Bundesrepublik Deutschland ist ein demokratischer und sozialer Bundestaat.« Doch das war es dann schon. Wofür das

Adjektiv »demokratisch« stehen sollte, wurde weder erklärt noch festgelegt. Man hatte das Wort übernommen, ohne seinen Sinn zu erwerben. Vermutlich ist das Desiderat nicht einmal bemerkt worden. Denn nach allem, was wir wissen, gab es darüber keine Aussprache im Parlamentarischen Rat, dem Gremium, das das Grundgesetz formulierte. Die Verfassungsrechtler hatten etwas zu schaffen, das praktikabel sein sollte. Mehr war nicht verlangt, mehr gab die Geschichte nicht her. Da unterscheiden wir uns bei aller formalen Gleichheit bis auf den heutigen Tag von den Ursprungsländern der modernen Demokratie, von Frankreich sowie von den Vereinigten Staaten von Amerika.

Ihre Verfassungen atmen den Geist des Aufstands. Sie sind getragen vom Stolz auf das Errungene, keine Dokumente eines bloßen Verwaltungsaktes. Weil die bürgerlichen Freiheiten, die sie garantieren, erkämpft werden mussten, sind sie nicht verhandelbar. In einem ganz anderen Sinne als bei Deutschen und Österreichern ist die Demokratie für Schweizer, Franzosen, Amerikaner und Engländer eine Selbstverständlichkeit, nämlich historisch verankert im kollektiven Bewusstsein. Sie zählt zum Besten ihrer geschichtlich gewachsenen nationalen Identität. Schon in Luthers »Tischreden« ist von der Schweiz als einer Demokratie die Rede. Mit der amerikanischen Revolution von 1776 und der Französischen von 1789, mit der Erklärung der Menschen- und Bürgerrechte und der Bill of Rights wurden die Grundsteine der bürgerlich-freiheitlichen, der demokratischen Ordnung unserer Tage gelegt, während Thomas Mann noch mitten im Ersten Weltkriegs diese Form der Volksherrschaft als politischen Ausdruck gleichmacherischer »Zivilisation« ablehnte. Die Demokratie sei unvereinbar mit dem »Deutschtum«, mit »Innerlichkeit« und »Kultur«, behauptete der Schriftsteller in seinen 1918 erschienenen »Betrachtungen eines Unpolitischen«. In dem mehrere hundert Seiten umfassenden Essay berief er sich unter anderem auf Richard Wagner, Friedrich Nietzsche und Arthur Schopenhauer, einen Gutteil der deutschen Geistesgeschichte.

Das alles ist bekannt, schulisch vermitteltes Allgemeinwissen, hoffentlich. Haben wir es aber auch im Gedächtnis behalten? Ist uns noch bewusst, dass wir zu den Nachzüglern und Sorgenkindern der Demokratie zählen? Was für ein Geschichtsbild müssen wir bei unseren Politikern vermuten, wenn sie wie der Christdemokrat Jürgen Rüttgers die »demokratischen Errungenschaften« Europa im Ganzen zuschreiben, was ja bedeuten würde, dass auch Deutsche und Österreicher ihre Demokratie errungen haben? Steckt dahinter europapolitisches Kalkül oder verrät sich schlichter Bildungsmangel? Hat der Mann in der Schule geschlafen? Sollten wir da nicht etwas leiser auftreten? Nicht, um unser Licht unter den Scheffel zu stellen. Dazu besteht kein Anlass. Die Aufklärung als philosophische Grundlage der bürgerlichen Revolution ist in wesentlichen Teilen ein Produkt deutscher Geistesgeschichte, undenkbar ohne Immanuel Kant, den Professor aus Königsberg. Das steht außer Frage; außer Frage steht aber ebenso, was wir vertuschen, wenn wir uns nur mehr als Europäer begreifen wollen: unser politisches Scheitern in der Folge. Mit europaseliger Geschichtsklitterung lassen sich die Verluste der Vergangenheit nicht wettmachen. Wir sind oder sind doch wenigstens gewesen, was man uns nachsagt, das Volk der Dichter und Denker – das der demokratischen oder gar revolutionären Tatmenschen sind wir nicht. Schon Johann Gottfried Herder dichtete zu seiner Zeit, am Ende des 18. Jahrhunderts, als er unter dem Eindruck der Französischen Revolution auf sein Land schaute:

»Ihr Deutschen, wo ist euer Huss
Und Sickingen und Hutten blieben?
Sind aufgerieben!
Der deutschen Freiheit Morgengruß!«

Unsere politische Bilanz hat wenig zu bieten, das den Demokraten mit Stolz erfüllen könnte. Niederlagen vor allem sind zu verzeichnen, beschämende und tragische mitunter. Die Mainzer Republik, die die Rheinischen Jakobiner, angeführt von Georg Forster, 1793 nach französischem Vorbild ausgerufen hatten, ist nach wenigen Monaten von den preußischen Truppen besiegt worden. Die Befreiungskriege, in die sich die deutsche Jugend 1813 mit revolutionärer Begeisterung stürzte, zogen nach dem Sieg über Napoleon die Restauration nach sich. Im nationalen Jubel verhallten die Stimmen der Demokraten. Der Graf und spätere Fürst von Metternich, österreichischer Außenminister seit 1809, schließlich Staatskanzler, hatte den Spieß umgedreht und dem Ancien régime wieder auf die Beine geholfen. Freischärler wie der Turnvater Friedrich Ludwig Jahn saßen bald im Gefängnis. Ihren Nachkommen, den Reuters, den Blums und den Herweghs, erging es nicht besser. Sie unterlagen endgültig mit der gescheiterten Revolution von 1848. Dem »Freiheitsheer«, von dem der Schriftsteller Wilhelm Sauerwein in seinem »Lied der Verfolgten« 1835 träumte, haben sich in den deutschen Landen wie später im vereinigten Deutschland immer nur wenige angeschlossen, zu wenige, um siegreich sein zu können. Die Aufständischen sind stets als einsame Helden gestorben. Nachdem sie den König am 22. März 1848 genötigt hatten, den Hut vor den Märzgefallenen zu ziehen und sich vor denen zu verneigen, die er Tage zuvor bei der Erstürmung der Barrikaden hatte niederschießen lassen, zerschlug sich die Menge rasch. Mit einer Geste war die Revolution beendet, die Gefahr einer

Republik gebannt. Etwas erfolgreicher kämpften zur gleichen Zeit die Aufständischen in Wien, da sie den Rücktritt Metternichs, die Bildung einer Nationalgarde und die Aufhebung der Zensur erzwangen. Pressefreiheit und eine Verfassung wurden ihnen versprochen. Die Monarchie blieb bestehen, sie war gerettet und sollte bald wieder an Ansehen gewinnen, in Österreich wie in Deutschland. Zu erinnern bleibt – und nur deshalb sind wir in die Geschichte abgeschweift – eine Abfolge deprimierender Niederlagen. Was sich nicht hatte verwirklichen lassen, verlor seine Anziehungskraft. Auf einer Flugschrift, die sie Ende November 1848 verteilten, tönten die Sieger: »Gegen Demokraten helfen nur Soldaten.« Der Traum von der Republik war über Nacht ausgeträumt. Stattdessen erfüllten sich nationale Erwartungen. Mit der Proklamierung des Deutschen Kaiserreichs wurde 1871, nach dem Sieg über die Franzosen, die deutsche Kleinstaaterei überwunden. Wilhelm I. ließ sich in Versailles die Krone aufsetzen. In der nachfolgenden Gründerzeit dämpfte wachsender Wohlstand den demokratischen Elan, auch in Österreich, wo Franz Joseph die Donaumonarchie regierte, einen Vielvölkerstaat, der nur durch den Bezug auf die Herrscherfigur zusammengehalten wurde. Mitten in Europa hatte die Geschichte eine anachronistische Kehrtwende gemacht. Die Untertanen, die besiegten Revolutionäre von 1848, waren's zufrieden. Sie hatten sich, wenn man so will, sozial abfinden lassen, nicht das letzte Mal.

Tempi passati! Alles vergangen, graue Vorzeit, glücklich überwunden? Mitnichten! Denn erstens stehen wir immer, ob es uns passt oder nicht, auf den Schultern unserer Vorfahren. Und nur wenn wir das anerkennen, können wir über sie hinauswachsen. Andernfalls bleiben wir ewig unselbständig, unterschwellig beeinflusst von überlebten Vorstellungen. Da ergeht es dem Einzelnen nicht anders als der Gesellschaft. Mit

Verleugnung, Ignoranz oder naseweiser Abkehr lässt sich die Herkunft nicht abschütteln. Ihre Einflüsse zu erhellen scheint umso dringlicher, als wir – das ist der zweite Punkt – gerade heute und in Deutschland vor allem manches erleben, das Zweifel an der demokratischen Zuverlässigkeit wecken könnte. Wie, fragt man sich, muss es darum bestellt sein, wenn ein deutscher Bundeskanzler nichts dabei findet, den Möchtegern-Diktator Putin öffentlich als »lupenreinen Demokraten« zu apostrophieren? Wie konnte es so weit kommen, dass die gewählte deutsche Regierung in immer kürzeren Abständen vom Bundesverfassungsgericht zur demokratischen Ordnung gerufen werden muss?

Doch das ist es nicht allein. Die Übergriffe der Macht liegen, wie wir noch sehen werden, im Wesen jeglicher Politik begründet. Dem kann der Bürger Einhalt gebieten, solange er sich die Rechte des Souveräns nicht für das Linsengericht fadenscheiniger Wahlversprechen abhandeln lässt, solange ihm seine Freiheit mehr bedeutet als soziale Abfindung. Was damit zum Vorteil politischer Machtentfaltung auszurichten ist, wusste allerdings schon Otto von Bismarck, der erste Kanzler des Deutschen Reiches, in dessen staatsmännischer Nachfolge sich zum Beispiel Helmut Kohl gar nicht so ungern sah. Seine Taktik von »Zuckerbrot und Peitsche« (Sozialversicherung und Verbot der Sozialdemokratie) entsprach der politischen Kultur eines Landes, in dem die Opposition, nachdem sie in der Revolution unterlegen war, weniger für freiheitliche Ziele als vielmehr für die Durchsetzung materieller Interessen eintrat.

Der Marxismus, auf den sich die Sozialdemokratie von Anfang an bezog und dem sie, ungeachtet mancher rhetorischen Abkehr, bis heute anhängt, ist die Theorie einer sozialen Bewegung, nichts sonst. Auf ihrer Grundlage sollte eine Gesellschaft entstehen, die sich durch die annähernd gleiche Versorgung aller auszeichnet. Es ging um die materielle Absicherung der Menschen, nicht um die Garantie der individuellen Freiheit selbständiger Bürger. Vielmehr sollte eine gemeinsame, staatlich vermittelte Überzeugung die geistige Basis der klassenlosen Gesellschaft sein. Dafür hatte die unumschränkt herrschende und theoretisch überlegene »Avantgarde des Proletariats«, die Partei, zu sorgen. Verheißen war der Absolutismus der Ideologen – die »Diktatur des Proletariats«. In der »Lehre«, die Lenin daraus machte, musste von der Demokratie, von den 1789 erfochtenen Menschen- und Bürgerrechten keine Rede mehr sein, da sich der Rechtsanspruch des Einzelnen ohnehin auf die existentielle Absicherung und mehr noch auf die gleichmäßige Verteilung des Vorhandenen reduzierten. Dass die Führung selbst immer etwas mehr beanspruchte, ändert nichts an dem Prinzip.

Unterdessen wissen wir, was diese Vertauschung der Prioritäten, die Einschränkung der bürgerlichen Freiheit zugunsten einer vermeintlichen Gerechtigkeit, tatsächlich bezweckte: eine totalitäre kommunistische Machtentfaltung, die die halbe Welt ruinierte. Mit Lenin, sagte Alexander Solschenizyn, sei »die Steppe«, die Barbarei nach Europa zurückgekehrt. Weltweit hat der Kommunismus eine Spur der Verwüstung hinterlassen, zerschlagene Kulturgüter in weiten Teilen Asiens, zerstörte Kirchen und Klöster, moralisch verrohte Gesellschaften, die Millionen und Abermillionen von Toten auf dem Gewissen haben, in Russland, in China, in Nordkorea, in Kambodscha. Und das alles, um die Gerechtigkeit durchzusetzen. Dafür wurden ganze Völker eingesperrt. Halb Europa war über Jahrzehnte hinter Mauern und Stacheldraht abgeriegelt. Wer der ostdeutschen Gerechtigkeit entfliehen wollte, lief Gefahr, in das Sperrfeuer der Grenzsoldaten und Selbstschussanlagen zu geraten. 872 Tote erfasst die Statistik. Das letzte Maueropfer, der 21-jährige Chris Gueffroy, wurde in der Nacht vom 5. auf den 6. Februar 1989 hinterrücks erschossen. Auch sein Tod geht auf das Konto der kommunistischen Weltherrschaft. Historiker haben ausgerechnet, dass bei diesem politischen Experiment mehr Menschen hingerichtet, ermordet oder bis zum Tode ausgehungert wurden als während des Nationalsozialismus. Ein Faktum der Geschichte, das die Singularität der unter Hitler verübten Verbrechen gegen die Menschlichkeit keineswegs in Abrede stellt. Diese strapazierte Unterstellung ist nichts als ein Ablenkungsmanöver derer, die nicht wahrhaben wollen, dass auch die Ahnen, auf die sie sich beziehen, im Kampf um die Macht die Büchse der Pandora geöffnet haben. Auch aus den Mustöpfen ihrer Ideologie dampfte am Ende Giftgas.

Und obwohl das alles noch gar nicht so lange zurückliegt, es gerade einmal ein Vierteljahrhundert her ist, dass die kommunistischen Machthaber zum Teufel, öfter noch in den wohlversorgten Ruhestand geschickt wurden, spielen die Politiker, gleich welcher Couleur, schon wieder mit dem Feuer, wenn sie mit dem Versprechen sozialer Gerechtigkeit auf Stimmenfang gehen. Natürlich, um gleich allen Missverständnissen vorzubeugen, natürlich denkt niemand daran, eine Diktatur nach historischen Vorbildern zu errichten. So einfach, wir haben es bereits gesagt, wiederholt sich die Geschichte nicht. Außerdem ist es das gute Recht der Bürger, von ihren Politikern die Lösung sozialer Probleme zu erwarten. Sie haben dafür zu sorgen, dass die Gesellschaft nicht polarisiert, die einen nicht um ihre Existenz bangen müssen, während die anderen Vermögen anhäufen, die die Gemeinschaft verarmen lassen, weil sie separiert an der Grenze der Legalität erwirtschaftet werden. Wo die Gesellschaft derart zerfällt, ist der innere Frieden gefährdet. Und die Politik versagt, wenn sie dem, wie in jüngster Vergangenheit geschehen, mit einer Deregulierung der Finanzmärkte Vorschub leistet, nur um die eigenen Geldquellen nicht versiegen zu lassen und immerfort Schulden machen zu können. Schulden, die summiert werden, um die Stimmen der Bürger mit materieller Zuwendung zu erkaufen. Mit anderen Worten, die Versprechen der »Gerechtigkeit« sind das Papier nicht wert, auf dem sie parteiübergreifend plakatiert werden, zumal die Scheu sinkt, das eine gegen das andere, die Gerechtigkeit gegen die Freiheit auszuspielen. Ist doch mittlerweile sogar Joachim Gauck vor dem machtpolitisch proklamierten Zeitgeist zu Kreuze gekrochen, wenn er erklärt, erst aus der staatlich organisierten Gerechtigkeit könne sich die Freiheit ergeben. Dabei braucht man nur kurz zurückzuschauen, um zu sehen, dass sich Gerechtigkeit, soll sie Bestand haben, einzig aus der freien Willensentscheidung der Bürger ergeben kann, nicht aus der Anordnung einer Regierung, der es naturgemäß um den Machterhalt gehen muss.

Geschichtsvergessenheit ist das Mindeste, das sich Deutsche wie Österreicher allgemein und ihre politischen Eliten insbesondere vorzuhalten haben. Als hätte es die katastrophenbeladene Vergangenheit nicht gegeben, begnügt sich die Mehrheit noch immer mit der Zusage sozialer Versorgung und bekommt ansonsten gesagt, wer sich wie zu verhalten hat. Mehr wird ihr nicht zugetraut. Denn, so ein Wort von Angela Merkel, »das verstehen die Menschen nicht«. Wer trotz allem glaubt, noch selbst denken und mehr begreifen zu können, überlegt sich bereits wieder, ob er das nicht besser für sich behält.

Als der frühere Finanzsenator von Berlin, Thilo Sarrazin, 2010 ein Buch herausbrachte, dessen zuwanderungskritische Argumentation der Regierung nicht in den Kram passen wollte, erklärte das deutsche Kanzleramt, noch bevor es jemand lesen konnte, das Buch sei »nicht hilfreich«. Die Ermahnung wurde verstanden. Der Autor musste bei verschiedenen Veranstaltungen durch Sicherheitspersonal vor dem aufgebrachten Publikum geschützt werden. Berthold Kohler, einer der Herausgeber der *Frankfurter Allgemeinen Zeitung*, schrieb dazu: »Die Botschaft« sei klar: »Die Freiheit der Andersdenkenden war einmal«, ihnen drohe zukünftig »politische und gesellschaftliche Ächtung.« Wie angezeigt der Kassandra-Ruf war, erfuhr zwei, drei Jahre später eine neue Partei. In Berlin, Lüneburg, Lübeck, Gießen und Nürnberg wurden die Auftritte der AfD, der Alternative für Deutschland, lautstark und handgreiflich gestört. Plakatständer der Partei gingen zu Bruch; Autos mit AfD-Aufklebern wurden beschädigt; ein Brandanschlag ließ sich in letzter Minute verhindern. Bei einer Veranstaltung auf der Waldbühne im Bremer Bürgerpark kam es vier Wochen vor der Bundestagswahl zu Tätlichkeiten. Vermummte stürmten die Bühne, bewaffnet mit Reizgas und Pfefferspray. Ein AfD-Mitglied wurde durch einen Messerstich an der Hand verletzt, der Parteivorsitzende Bernd Lucke zu Boden gerissen. Entgleisungen, politische Gewalttätigkeiten, die jeden Demokraten entsetzen müssten. Wo aber blieb der Aufschrei der anderen Parteien? Nichts war zu hören, kaum etwas in den Zeitungen zu lesen. Wie auch? War es doch allen voran das politische Establishment, das die AfD in die rechtsradikale Ecke verwies und Mutmaßungen über nationalistische, gar neonazistische Sympathien anstellte. »Nazis und Verfassungsfeinde sind Freunde der AfD«, sagte beispielsweise der Generalsekretär der FDP, Patrick Döring, um dann noch eins drauf zu setzen, indem er behauptete, die Partei führe Deutschland in die »Isolation«, mit ihr drohe »das Ende Europas in Frieden und Freiheit«. Vor einem »Riesenrisiko für

Tausende von Arbeitsplätzen« warnte der SPD-Chef Sigmar Gabriel. Eher im Allgemeinen blieb dagegen der Chef der CDU/CSU-Fraktion, Volker Kauder, als er päpstlich besorgt dekretierte, die AfD »würde Deutschland und seinen Bürgern schwer schaden«. An die Stelle der sachlichen Abgrenzung rückte die Diffamierung. Statt sich mit der nonkonformistisch argumentierenden Partei, die in erster Linie für eine Beendigung des Euro-Experiments eintritt und zweitens vor der Zerstörung der Demokratie durch die europäische Zentralisierung warnt, selbst argumentativ auseinanderzusetzen, hatten die politischen Gegner politischen Hass geschürt – mit schlagendem Erfolg, wie sich schnell zeigte. Fehlende Gegenargumente provozierten die Gewalt. Vergleichbares, weiß der historische Beschlagene, geschah in der Weimarer Republik zu ihrem Ende hin.

Es fällt nicht leicht, immer wieder festzustellen, dass die Verhältnisse heute ganz andere sind als damals, obwohl das natürlich stimmt. Nur warum schrillen dann bei den Politikern und in der Öffentlichkeit nicht sämtliche Alarmglocken, sobald irgendjemand mit unlauteren Mitteln zur Hatz auf den politischen Kontrahenten bläst, auf einen Andersdenkenden, dem er Klügeres nicht entgegenzusetzen vermag? Will uns die Verrohung der politischen Sitten gar nicht mehr auffallen, gehört der rüde Umgang zum normalen politischen Geschäft? Vermutlich, bedenkt man nur, was gelegentlich aus dem Berliner Kanzleramt dringt, etwa über die Flegeleien des Kanzleramtsministers Ronald Pofalla. Drei Tage, nachdem es sein Parteifreund Wolfgang Bosbach gewagt hatte, bei der Abstimmung über den Euro-Rettungsschirm (EFSF) von der vorgegebenen Linie abzuweichen, weil sich der Beschluss nicht mit seinem Gewissen vertrug, wurde er von Angela Merkels engstem Mitarbeiter mit den Worten angefahren: »Ich kann deine Fresse nicht mehr sehen. Ich kann deine Scheiße nicht mehr hören.« Dass das nur ein Beispiel für den gepflegten Umgang war, ist zu befürchten. Hat doch auch der CSU-Chef Edmund Stoiber einst versucht, den politischen Gegner Peter Struck als »Störenfried« vom Platz zu schicken. Jürgen Trittin, Fraktionsvorsitzender der Grünen im Bundestag, schimpfte Rainer Brüderle, sein Gegenüber von der FDP, einen »Schweinehund«, woraufhin dieser ihn einen »Fuzzi« nannte, während der SPD-Mann Kurt Beck einen Bürger, der ihn bei einem öffentlichen Auftritt nervte, anherrschte, »das Maul zu halten«.

Auch rhetorisch kann man Gewalt ausüben. Wo der Kasernenhofjargon angeschlagen wird, geht es irgendwann zu wie in der Kaserne. Wie überall, macht auch in der Politik der Ton die Musik. In der Sprache verraten sich die Intelligenz, das Denken, der Stil, die Kultur, die Haltung – in unserem Fall die Haltung einer politischen Klasse, der die demokratische Kinderstube fehlt. Wie das, wird hier mancher einwenden, das kann doch höchstens für diejenigen gelten, die im diktatorisch beherrschten Osten aufwachsen mussten. Nicht für den Westen, den Joachim Gauck in seiner Antrittsrede als Bundespräsident »ein Land des ›Demokratiewunders‹« nannte, womit er – bewusst oder unbewusst – den Nagel auf den Kopf getroffen hat. Denn Wunder sind eben Wunder, sie widerfahren den Beglückten, ohne dass sie etwas dazu tun müssten. Sie müssen das Geschenk nur annehmen und zu schätzen wissen. Dass das Zweite aber weder in der alten BRD noch in Österreich von Anfang an mehrheitlich geschehen ist, haben wir gesehen. Die Väter mussten sich selbst erst an das Wunder gewöhnen, ehe sie daran denken konnten, ihre Kinder zu dem sorgsamen Umgang damit zu erziehen. In den immer üppiger möblierten Kinderstuben der fünfziger und sechziger Jahre des vorigen Jahrhunderts herrschte nur allzu oft politische Ratlosigkeit. Die Orientierung, nach der sie suchten, konnten viele daheim nicht finden. Sie spürten wohl, wie schwer sich ihre Eltern damit taten, in der Gegenwart, in der sie längst lebten, auch politisch anzukommen.

Das Lavieren der Alten trieb die Jungen auf die Straße. Sie waren – wir sind wieder beim Dilemma der geschenkten Demokratie – erwachsen geworden, ohne dass ihnen jemand beigebracht hatte, die Freiheit, in der sie lebten, zu schätzen. Begeisterung dafür war nicht geweckt worden oder doch nur so theoretisch, dass der Funke nicht übersprang. Die, die sich als Helden anboten, wohnten nicht in den Reihenhäusern an Rhein und Ruhr. Sie kämpften anderswo, in Berlin 1967 gegen den Besuch des Schahs von Persien und begeisternder noch während des Mai 1968 in Paris. Der Strand, den die Studenten, angehende Lehrer, Juristen, Philologen, suchten, lag unter dem Pflaster, das sie in Berlin, in Frankfurt, in München oder in Wien aufrissen. Mit einer Demokratisierung der Gesellschaft, wie sie sich die Achtundsechziger rückschauend nachrühmten, hatte das alles wenig zu tun. Die Bewegung war ein Abenteuer, romantisch überschattet von Anfang an. Wehmütig ironisch dichtete Harry Oberländer nachher:

»Das Feuer abgebrannt. Die schönen wilden Jahre
sind Stoff, aus dem ergraute Veteranen
Legenden bilden. Bleibt uns bis zur Bahre
Das Gruppenbild mit Che und roten Fahnen.«

Weil die Väter in einer Biederkeit verharrten, die dem wachsenden Wohlstand nicht mehr entsprach, brachen die Söhne aus. Hedonistisches Verlangen befeuerte den Aufstand. Es ging um freie Liebe, sexuelle Befreiung, um das Recht, die eigenen Bedürfnisse auszuleben. Selbst den Päderasten sollte das gesetzlich zugesprochen werden. Die Forderung nach einer Entkriminalisierung der Pädophilie gelangte 1980 in das Grundsatzprogramm der ersten deutschen Öko-Partei. Inzwischen hat sich das Blatt gewendet. Als politisch organisierte Nachfolger der Achtundsechziger wollen die Grünen mit den Verfehlungen ihrer Geschichte aufräumen, mehr oder weniger überzeugend. Daniel Cohn-Bendit weinte in aller Öffentlichkeit, um Reue dafür zu zeigen, dass er sich seinerzeit, als Betreuer im Kinderladen, den Hosenlatz von Minderjährigen öffnen ließ. Das sei doch bloß Phantasie gewesen. Und vielleicht war es wirklich bloß Phantasie, Phantasterei wie das gesellschaftspolitische Geschwätz in den Kommunen, den K-Gruppen oder beim KBW, dem Kommunistischen Bund Westdeutschlands. Aber wie wurde der Unsinn damals vertreten, mit welcher ideologischen Unerbittlichkeit! Welche politische Kultur herrschte, wo sie jenen, die den verstiegenen Theorien nicht beipflichten wollten, kurzerhand die Mikrophone abdrehten, wenn sie sie nicht gleich von der Bühne jagten oder grölend übertönten? Das mag, wohl richtig, eine Schule fürs Leben gewesen sein, aber bestimmt keine, die zu demokratischem Verhalten erzogen hätte. Die selbständigeren Köpfe ließen das irgendwann hinter sich, während die Mitläufer abermals die Überheblichkeit auftrumpfender Tribunen verinnerlichten. Der ideologischen Rechthaberei folgte das unerbittliche Gutmenschentum auf den Fuß, der politisch organisierte Dogmatismus jener, die sich per se für die besseren Menschen halten. Die Grünen benähmen sich heute, schrieb der Journalist Claus Christian Malzahn im Sommer 2013 in der *Welt am Sonntag*, »als wären sie die Erziehungsberechtigten der Bundesrepublik – und als hätten sie mit ihrer Dogmatik die Wahrheit gepachtet«.

Nein, bei allem, was sich die Achtundsechziger, gleich in welchen Parteien, auf welchen Posten, in welchen Ämtern,

Hochschulen und Redaktionen sie heute sitzen, bei allem, was sie sich zuschreiben dürfen – ungeachtet ihrer Verdienste um den Umweltschutz, um die Rechte der Frauen, um die Überwindung einer scheinheilig verklemmten Sexualmoral, um die gesellschaftliche Sensibilisierung in Sachen Atomkraft –, das Verdienst, der Demokratie auf die Beine geholfen zu haben, beanspruchen sie zu Unrecht. Darum hatten sich andere zuvor verdient gemacht, Männer wie Konrad Adenauer und sein sozialdemokratischer Gegenspieler Kurt Schumacher oder auch der Liberale Thomas Dehler. Die Achtundsechziger hingegen befanden sich schon in der glücklichen Lage, die Freiheiten dieser Demokratie nutzen zu können. Sie fuhren, so noch einmal Harry Oberländer, »Achterbahn im Garten Eden«. Sie waren die Ersten, die die junge Demokratie auf eine ernsthaftere Probe stellten – und sie hat diese Probe bestanden. Trotz manchem behördlichen Versagen blieben die Rechte der Bürger gewahrt. Wie das gewesen wäre, wenn die Achtundsechziger eine Ordnung nach ihren Phantasien hätten schaffen können, ist fraglich. Schließlich fühlten sie sich ideologisch eher den Diktatoren als den Demokraten verpflichtet. Die Mao-Bibel gehörte zur intellektuellen Grundausstattung. Lenins Gesammelte Werke standen in der privaten Bibliothek. Pol Pot, »Bruder Nummer 1« der Roten Khmer, genoss den Ruf eines Volkshelden.

Dieser geistigen Patenschaften würde sich, abgesehen von skurrilen Typen wie dem zur NPD konvertierten RAF-Aktivisten Horst Mahler, heute niemand mehr rühmen. Der Irrweg wurde verlassen. Fragen muss man sich dennoch, ob und inwieweit sich demokratische Toleranz in einer Zeit ausbilden konnte, die bestimmt war von ideologischem Hochmut sowie von der Proklamation voraussetzungsloser Selbstverwirklichung. Das individuelle Anspruchsdenken, das sich in der

Folge entwickelte, beherrscht den Zeitgeist bis heute. Dem neoliberalen Kapitalismus kam das ebenso gelegen wie der Politik. Das materielle Verlangen eröffnete ganz neue Spielräume. Je besser es den Menschen ging, desto weniger musste man sich den Kopf über die Demokratie zerbrechen – keine Partei bis hin zu den konservativen Christdemokraten, die sich in den achtziger und neunziger Jahren des zwanzigsten Jahrhunderts nicht beeilt hat, so modern und sozial besorgt zu erscheinen, wie es die Achtundsechziger zu sein vorgaben. Noch im Landtagswahlkampf 2013 warb die CDU für sich mit dem Slogan »Hessen bleibt locker«, dazu das lachende Gesicht des hemdsärmelig kostümierten Spitzenkandidaten, der uns auf weiteren Plakaten versprach: »Hessen bleibt am Ball.« Was wohl heißen sollte, macht euch keine Sorgen, die Party geht weiter. Statt politischer Botschaften gab es lockere Sprüche, die das konsumverwöhnte Volk bei Laune halten sollten. In den Wahlspots der FDP und der Republikaner trat dieselbe Familie auf, mit der sonst für finnischen Bio-Quark geworben wird. SPD und CSU unterlegten ihre Wahlwerbespots mit der gleichen Musik, mit einem Song der Gruppe »Tote Hosen«. Man könnte über die Realsatire lachen, müsste man sich nicht auf den Arm genommen vorkommen.

Ist uns mehr nicht zuzumuten? Sind die Politiker so ideenlos, ja so dumm, dass ihnen Klügeres nicht einfällt? Oder halten sie den Wähler für so dumm, dass sie meinen, ihn mit Plattitüden abfertigen zu können, mit den Einfällen von Agenturen, die ansonsten für den Verkauf von Gummibärchen werben? Auszuschließen ist das eine so wenig wie das andere. Vor allem aber offenbart sich in der kindischen Ansprache der Bürger das Selbstverständnis einer politischen Klasse, die sich vormundschaftlich erhoben fühlt, womit wir wieder bei der mentalen Hinterlassenschaft deutscher wie österreichischer

Politik wären, beim psychosozialen Erbe der Achtundsechziger nicht zuletzt. Von Anfang an sahen sie sich in der Rolle einer ideologisch überlegenen Elite, die sich berufen fühlte, der arbeitenden Masse zu ihrem Glück zu verhelfen. Das Hohngelächter, das ihnen aus den Betrieben entgegenschlug, wurde als ein Beweis politischer Unreife angesehen.

Wenn es inzwischen auch um andere Inhalte als die proletarische Weltrevolution geht, um den Euro, die Energiewende, den Mindestlohn, am obrigkeitlichen Selbstverständnis der politischen Klasse hat sich nichts geändert. In einem Interview, das der Anchorman des »heute-journals« im ZDF, Klaus Kleber, am 23. Januar 2012 mit Joschka Fischer führte, warnte der vormalige deutsche Außenminister und zupackende Straßenkämpfer der Apo nachdrücklich davor, wegen des Euro eine Volksbefragung anzusetzen, ein Plebiszit, bei dem der Souverän selbst über seine Zukunft entscheiden würde. Das könne »schief gehen«. Für den Politiker stand außer Frage, dass das Volk politisch unmündig ist – angewiesen auf ihn und seinesgleichen, auf eine politische Elite, die sich durch nichts mehr auszeichnet als durch ihre gefühlte Berufung.

Die politische Klasse hat sich zur Kaste gewandelt. Mehr denn je agiert sie über die Köpfe der Bürger hinweg. Als solche werden wir nicht einmal mehr rhetorisch wahrgenommen. Für die Politik sind wir nur noch Gattungswesen, »die Menschen«, Schutzbefohlene bestenfalls, schlimmstenfalls aufmüpfige »Wutbürger«, die es zur Ordnung zu rufen gilt. Wie die Ideologen ehedem wollen die demokratisch gewählten Politiker heute mit dem Hochmut der Macht verfügen, was sie selbst für richtig oder dienlich halten, zum Beispiel einen fleischlosen Tag, einen »Veggie-Day«, pro Woche in jeder Kantine. Da gibt es nichts zu lachen, das steht im Wahlprogramm der Grünen. Lässt sich organisatorisch vorerst nicht durchsetzen, insofern kann Entwarnung gegeben werden. Es lässt aber erahnen, wozu Politiker dieses Geistes, bekämen sie nur die Möglichkeit dazu, fähig wären: zur totalen Entmündigung des Bürgers. Kaum dass der Vorschlag der Grünen vom Tisch war, wollte die SPD den Dicken ihrerseits zu Leibe rücken. Während der Verhandlungen über die Große Koalition mit der CDU machten die Genossen den Vorschlag, alle Nahrungsmittel mit mehr als 275 Kalorien je 100 Gramm mit einer Sondersteuer zu belegen. Für die Übergewichtigen sollte der Brotkorb höher gehängt werden. Grundsätzlich hatten die Christdemokarten, wie der *Focus* berichtete, nichts dagegen einzuwenden. Was Gabriel der Beleibte (SPD) davon hielt, drang nicht an die Öffentlichkeit, kein Wort von Hermann Gröhe dem Genährten (CDU), nichts von Andrea Nahles der Runden (SPD). Die Parteien zuckten noch einmal zurück, dem einen oder anderen draußen im Lande platzte der Kragen. Das Maß war voll. »Man kann es nicht oft und laut genug sagen«, schrieb ein Online-User bezogen auf die Politik überhaupt, »dass das keine Demokratie ist, sondern eine Diktatur des Staates, die dem Bürger vorschreibt, was er zu tun und zu lassen hat.«

Vergessen scheint, was Wilhelm von Humboldt, Staatsmann, Gelehrter und Reformer Preußens, der bürgerlichen Gesellschaft mit auf den Weg gab, als er schrieb: »Jedes Bemühen des Staates [ist] verwerflich, sich in die Privatangelegenheiten der Bürger überall da einzumischen, wo dieselben nicht unmittelbar Bezug auf die Kränkung der Rechte des einen durch den anderen haben.« Stattdessen werden »die Menschen« unter Kuratel gestellt, als ob sie nicht selbst wüssten, was ihnen frommt. »Unser Körper gehört nicht mehr uns allein, wir haben unseren Körper offenbar vom Staat großzügig zur Verfügung gestellt bekommen, und der Staat verlangt, dass wir mit dieser Leihgabe pfleglich umgehen«, befand Harald Martenstein 2012 in der *Zeit*.

Unter dem Deckmantel des Verantwortungsbewusstseins entwickelt sich ein politischer Geist, der keine Wahrheit außer der eigenen kennt oder gar gelten lässt. Aus dieser intellektuellen Beschränkung ist die politische Kultur unserer Tage erwachsen, aus der Anmaßung ergibt sich die Hybris, der Zerfall der Gesellschaft in die da oben und die da unten. So wie die einen herabblicken, so haben sich die anderen daran gewöhnt, aufzuschauen.

Das ist eine bittere und gewiss kränkende Feststellung für jeden, der die Demokratie unserer Tage nicht gleich als Etikettenschwindel abtun möchte. Aber wie viele sind es noch, die sich ernsthaft Sorgen machen, die es in Harnisch bringt, wenn sie politisch belogen und betrogen werden? Unter den Politikern selbst wollen wir erst gar nicht nach ihnen fahnden; da könnte es uns – in der Übertreibung liegt die Kraft der Darstellung – schnell ergehen wie bei der Suche nach der Stecknadel im Heuhaufen. Niemand beißt die Hand, die ihn füttert. Wer sein Mandat der Partei verdankt, mag gelegentlich aufmucken, ausscheren wird er kaum. Für den Bürger indes gilt keine Parteidisziplin. Für ihn gibt es keinen vernünftigen Grund, sich bevormunden zu lassen. Er ist, sobald er erwachsen ist, reif genug, selbst zu entscheiden, was er essen mag. Als Unternehmer weiß er von sich aus, zu welchem Lohn er Mann oder Frau für welche Aufgabe einstellen kann. Schließlich muss er dann auch für Erfolg oder Misserfolg seiner Firma geradestehen. Kein Politiker, der glaubt, der Wirtschaft diese oder jene Quote verordnen zu müssen, wäre bereit, die unternehmerische Verantwortung zu tragen. In der Praxis fliegt noch jeder Schwindel auf. Der Bürger muss nicht glauben, was ihm politisch vorgemacht wird. Und tatsächlich wächst die Zahl der Zweifler zusehends, traut man den Umfragen.

Zu beobachten ist allerdings ebenso, dass die Mehrheit kaum noch erwartet, von ihren Politikern als mündige Bürger ernst genommen zu werden. Über Jahrzehnte hin haben die Bürger der politischen Lüge Vorschub geleistet, indem sie ihre materiellen Interessen in den Vordergrund rückten, ohne sich sonderlich um ihre demokratischen Rechte zu kümmern. Wer politischen Erfolg haben wollte, musste zweierlei beachten. Erstens durfte er nicht durchblicken lassen, es könne ein Problem geben, dem er oder seine Partei nicht gewachsen wären. Begangene Fehler waren unter allen Umständen zu verschweigen, zu vertuschen, notfalls schönzureden. Und zweitens musste, wer beim Spiel um die Macht mitmischen wollte, Wachstum versprechen, einen Zugewinn für jeden, steigenden Lebensstandard kurzum. Weil er um den Wahlsieg fürchtete, setzte Konrad Adenauer 1957 die Einführung der lohnbezogenen Rente gegen den Widerstand seines Wirtschaftsministers Ludwig Erhard durch. Der erhoffte Erfolg stellte sich kurzfristig ein. Die CDU gewann die absolute Mehrheit der Stimmen. Langfristig sollte der Ökonom Recht behalten. Auch mit der Aufrechterhaltung des Rentensystems hat sich der Staat an den Rand des finanziellen Abgrunds manövriert.

Immer höhere Schulden mussten über die Jahrzehnte für den politischen Handel – Macht gegen Wohlstand – aufgenommen werden. Schulden, von denen dann nicht gesprochen werden sollte. Noch Helmut Kohl hat sie nach der deutschen Wiedervereinigung in das Reich der Fama verwiesen. Auf die große Blut-Schweiß-und-Tränen-Rede, die einige damals vermissten, wird er mit Bedacht verzichtet haben. Die Wahrheit hätte den Bürger doch nur um den Schlaf gebracht.

Das mag sich auch Wolfgang Schäuble gesagt haben, als er dem deutschen Steuerzahler im Zusammenhang mit der Griechenland-Rettung eine Lüge nach der anderen auftischte. Zuerst sollte sie einen satten Zinsgewinn abwerfen. Später dann stiegen die Kosten Milliarde um Milliarde in den zwei- und dreistelligen Bereich, bis sich der Finanzminister im August 2013, wenige Wochen vor der Bundestagswahl, zu der Behauptung verstieg, wenn alle Stricke rissen, müsse eben noch ein »kleinerer Milliardenbetrag« nachgebessert werden. War der Mann noch bei Sinnen? Weiß er noch, wie viele Millionen zu einer Milliarde gehören? Rechnen, kokettierte er gelegentlich, sei noch nie seine Stärke gewesen; tricksen umso mehr, darf man ergänzen. Das Pokerspiel um die Macht beherrscht er wie wenige. Übertroffen wird er darin einzig von seiner Chefin Angela Merkel, die etwa zur gleichen Zeit in einem Interview versprach: »2017 soll es den Menschen noch besser gehen als heute.« Denn: »Die Frage ist doch, wie kommen die Menschen zu mehr Geld.« So die zentrale Aussage der Kanzlerin im Duell mit ihrem sozialdemokratischen Herausforderer Peer Steinbrück vor der Bundestagswahl 2013. Was für ein Menschenbild offenbart sich da. Wie müssen sich jene vorkommen, die bereit sind, für wenig Geld viel zu leisten, die etwas tun, weil es getan werden muss, weil ihnen die Sache am Herzen liegt oder weil sie anderen helfen wollen?

Von Wahl zu Wahl haben wir uns mit der Droge Wohlstand um den demokratischen Verstand gebracht. Wie im Rausch haben wir uns selbst überfordert, die Bürger mit ihren steigenden Erwartungen und die Politiker mit immer waghalsigeren Versprechen. Wachstum war alles, und alles sollte nichts sein ohne Wachstum. Das Mantra wird unverdrossen heruntergebetet. Den Zuschlag erhält, wer so tut, als ob er den Zuwachs garantieren könne, wiewohl es doch längst an

der Zeit wäre, politische Kräfte zu entwickeln, die dem kopf-
losen Treiben Einhalt gebieten. Meinhard Miegel, der international geschätzte Sozialwissenschaftler, ein Deutscher, der
in Wien geboren wurde, hat den Politikern schon wiederholt
vorgerechnet, dass ihre Wachstumsrechnung niemals aufgehen kann, weil das die Ressourcen nicht hergeben. Ebenso oft
ist er dafür aber auch belächelt worden. Beifall bekamen und
bekommen die anderen, die uns wie Angela Merkel glauben
machen wollen, sie hielten das Land weiterhin auf sicherem
Wachstumskurs.

Mit der Illusion lassen sich in der Politik noch immer die
besten Geschäfte machen. Wer an dem Kartenhaus rüttelt,
muss sehen, wo er bleibt. Das hat auch Gerhard Schröder zu
spüren bekommen. Als er mit der Agenda 2010 das volkwirt-
schaftlich Gebotene tat, wurde er abgewählt. So hart wollten
die Menschen nicht in der Wirklichkeit ankommen. Selbst
denen, die von den Kürzungen der Sozialausgaben nicht unmittelbar betroffen waren, ging das gegen den Strich, weil es
Zweifel an der Richtigkeit unserer Art zu leben weckte. Wo
die Menschen an die Unantastbarkeit ihrer Ansprüche gewöhnt wurden, darf ihnen die Politik keine Einschränkung
zumuten. Nachdem sie den Bürger entmündigt hat, kann sie
nicht mehr auf ihn zählen. Wo Ruhe die erste Bürgerpflicht
ist, will der Bürger auch Ruhe haben. »Bevor ich mich aufrege,
ist es mir lieber egal«, sagt eine hierzulande gern gebrauchte
Redewendung.

»Ich halte«, schrieb der Politikwissenschaftler und Zeit-
historiker Arnulf Baring in einer Philippika, die der *Focus* im
Januar 2013 druckte, »die Deutschen im Grunde für ein politisch naives Volk, das weithin nicht bereit ist, die Wirklichkeit ernst zu nehmen. Die Deutschen wollen, dass die Wirklichkeit so ist, wie sie sie sich wünschen.« Und jeder, der sie,

so möchte man fortfahren, in diesem Wunschdenken bestärkt, ist ihnen herzlich willkommen. Gleich, ob er den coolen Partylöwen gibt wie Klaus Wowereit, der Sozialdemokrat im Amt des Regierenden Bürgermeisters von Berlin; oder ob es sich um eine christdemokratische Bundeskanzlerin handelt, die sich der Mutter-Verehrung erfreuen darf. »Mutti« ist ein Phänomen, das wir uns nirgendwo sonst auf der Welt, soweit wir sie kennen, vorstellen können. Wie es in den unerschlossenen Stammesgebieten am Amazonas zugeht, lässt sich nicht sagen. Aber sonst, in den Kernlanden republikanischer Gesinnung? Die Engländer hatten ihre »eiserne Lady«, doch eine Mutti, eine Mom auf dem Stuhl des Premierministers? Das überstiege die kühnsten politischen Phantasien – ein unverzeihlicher Stilbruch, unvereinbar mit der demokratischen Noblesse der Houses of Parliament. Nicht einmal den Österreichern würden wir das, obwohl sie sich früher nicht scheuten, ihr Heil auf den Spuren der »Piefkes« zu suchen, zutrauen wollen. Dafür stehen ihnen die Freudschen Hausgötter psychologischer Erkenntnis zu nahe. Sie erschreckten sich über die sprachliche Entblößung, das peinliche Eingeständnis politischer Infantilität, demokratischer Zurückgebliebenheit.

Nicht so die Deutschen. Sie bekennen sich frei heraus zu dem Wunsch nach einer fürsorglich strengen Führung. Letzte Umfragen vor der Bundestagswahl 2013 ergaben stets das gleiche Bild: Die Kanzlerin wäre, hätte es die Möglichkeit einer Direktwahl gegeben, mit überwiegender Mehrheit in ihrem Amt bestätigt worden, obwohl die Befragten zugleich glaubten, dass sie es mit der Wahrheit nicht immer so genau nehme, zum Beispiel bei der Aufklärung der NSA-Affäre. Das wollten ihr 78 Prozent der Deutschen nicht abnehmen. Am Ende tat das wenig zur Sache. Die Menschen – und die Erstwähler nicht zuletzt – waren einfach davon überzeugt, dass es ihnen unter »Mutti« weiterhin gut gehen werde, materiell, versteht sich. Worüber sonst hätte man reden sollen. In diesem Punkt stimmen das Volk und seine Politiker mehrheitlich überein. Die Demokratie, die wir geschenkt bekommen haben, ist, wie der Philosoph Joseph Vogl sagt, »recht unscheinbar geworden«. Sie verkümmert in der Obhut der Parteien. Das ist ihr Dilemma.

Hier muss nun etwas nachgetragen werden, was man vieleicht gleich zu Beginn hätte vorausschicken sollen. Manche Leserin, mancher Leser – hoffentlich sind es viele – wird sich schon des Öfteren gesagt haben: Das mag ja alles sein, aber auf mich trifft es nicht zu. Ich lasse mich nicht für dumm verkaufen, weder von den Parteien noch von einzelnen Politikern. Dem Autor ist das durchaus bewusst. Guter demokratischer Sitte folgend, muss er sich aber zunächst mit der Mehrheit befassen, auf die sich die Politik bezieht, der sie ihre Macht verdankt. Die wachsende Minderheit, die Hoffnung wecken könnte, ist deshalb nicht vergessen. Sie wird noch ausführlich zu Wort kommen. Fürs Erste jedoch ist der Status quo zu erfassen. Um ihn zu überwinden, müssen wir uns zu erklären versuchen, wie es dazu kommen konnte, dass die Gesellschaft in den politischen Tiefschlaf verfallen ist, in eine Apathie, die es der politischen Klasse leicht machte, sich über »die Menschen« zu erheben, sie als Sachwalter vermeintlicher Gerechtigkeit ans Gängelband zu nehmen. Wozu das geführt hat, soll im nächsten Kapitel beschrieben werden. Es handelt vom parteiübergreifenden Schulterschluss einer politischen Kaste, die um ihrer selbst willen existiert, kurzum vom Hofstaat der Wohlstandsgesellschaft.

Angie räumt auf
Die Inszenierung der höfischen Demokratie

Jede Demokratie weckt Begehrlichkeiten, die der Politiker zuerst. Wenn sich der Bürger verführen lässt, die Bewahrung demokratischer Werte dem Staat zu überlassen, »macht er den Bock zum Gärtner«, sagt der Soziologe Ulrich Beck, ausgestattet unter anderem mit Lehraufträgen in Paris und von der London School of Economics. Da der renommierte Risikoforscher zugleich Politikwissenschaftler, Philosoph und Psychologe ist, weiß er um das zwiespältige Verhältnis der Politiker zur Demokratie. Das Problem, das er mit der metaphorischen Kraft des Sprichworts verdeutlicht, liegt im Wesen handelnder Politik begründet. Keine demokratisch organisierte Gesellschaft, die davon verschont geblieben wäre. Wann und wo immer sich die Bürger in freier Entscheidung für die Konstituierung einer Regierung zur Vertretung ihrer Interessen entschieden haben, mussten sie damit leben, dass die gewählte Obrigkeit auch als solche handelte. Daran hat sich seit der Antike, seit der Begriff der Demokratie aus der Zusammensetzung der griechischen Wörter »demos« für Volk und »kratia« für Herrschaft entstand, nichts geändert.

Bis heute erleben wir stets das Gleiche: Sobald ein Politiker durch die Abstimmung der Bürger in die Lage versetzt wird, politische Macht ausüben zu können und zu müssen, hat er mit der Demokratie, der er die Herrschaft verdankt, nicht mehr so viel am Hut. Und nicht jeder, der das Gegenteil beteuert, muss ein Heuchler sein. Vielleicht will er auch nur mit der Notlüge den demokratischen Anstand wahren, vor sich und dem Volk. Allein daraus wäre keinem Politiker ein Vorwurf zu machen, erst recht kein moralischer. Damit ist, geht es um das Verständnis politischer Zusammenhänge, ohnehin wenig auszurichten. Nicht, dass wir uns hier in einer moralfreien Zone bewegten, jenseits von Gut und Böse. Wer diesen Eindruck erwecken will, hat in der Regel schon etwas auf dem Kerbholz, vielleicht eine Leiche im Keller, oder er will sich vorsorglich einen Freibrief ausstellen. In solchen Fällen ist leicht urteilen, weil wider besseres Wissen gehandelt und argumentiert wird. So einfach liegen die Dinge aber selten. Der Bock, den man zum Gärtner macht, frisst ja die schönen Blumen auch nicht mit böser Absicht. Er verhält sich lediglich seiner Natur entsprechend. Er ist nun mal ein Bock, weiter nichts. Will sagen, auch Politiker setzen sich nicht bloß über die Demokratie hinweg, weil es ihnen an moralischer Erziehung gebricht. Das mag von Fall zu Fall eine Rolle spielen, entscheidend ist es keineswegs. Wie die Banker, die als Verursacher der Finanzkrise das Richtige zu tun glaubten, wenn sie im Auftrag ihrer Unternehmen waghalsig zockten, leben die Politiker in der Vorstellungswelt ihres Metiers. Auch die Politik ist ein Kosmos für sich, heute mehr denn je. In ihm gelten Regeln, die es ohne moralischen Aplomb zu erfassen gilt, mit kafkascher Kälte gleichsam.

Zu sehen ist, dass das System, in dem er agiert, den Politiker dazu zwingt, zu handeln und Entscheidungen selbständig zu fällen. Als duckmäuserischer Bedenkenträger würde er im Amt versagen, er wäre eine Fehlbesetzung wie der deutsche Außenminister Guido Westerwelle, der immer nur so tun kann, als ob er täte. Die Reisen, die er mit erkennbarer Freude unternahm, mögen ihn selbst im Gefühl diplomatischer Bedeutung bestärkt haben, auf den Außenstehenden wirkten sie peinlich und nutzlos obendrein. Stets schien es, als würden ihn die Gastgeber, bei denen er sich eingeladen hatte, aus Mitleid oder Höflichkeit empfangen, weil es das Ritual verlangte oder weil sie ganz einfach zu gut erzogen waren, um den großen Jungen zu enttäuschen. Was sollten sie auch von ihm erwarten oder befürchten, da er vollauf damit beschäftigt war, eine gute Figur abzugeben. Auf dem Laufsteg hätte er es weit bringen können, weiter als in der Politik, bei der es mit Narzissmus allein nicht getan ist. Mehr noch als die Gefallsucht gehört die Freude an der Machtausübung zur psychischen Grundausstattung des erfolgreichen Politikers; gleich, ob er sie sich mit der Euro-Rettung oder der Einführung des Rauchverbots zu verschaffen weiß. Wer es hat, das Machtverlangen, ist gut. Basta! würde Gerhard Schröder sagen, einer, der das genießen konnte wie wenige.

Als Methode, als Handwerk oder professionelle Daseinsform verlangt die Politik Persönlichkeiten, die sich durchsetzen. Sie müssen ihre Sache vertreten, ohne ständig nach der Zustimmung aller oder auch nur der Mehrheit zu fragen. Beinahe zeitlose Bedeutung erlangte in diesem Zusammenhang ein Ausspruch des CSU-Politikers Hermann Höcherl (1912 bis 1989). Als Bundesinnenminister stellte er 1963 fest: »Die Beamten können nicht den ganzen Tag mit dem Grundgesetz unter dem Arm herumlaufen.« Gefallen ist der Satz, nachdem bekannt geworden war, dass sich das Bundesamt für Verfassungsschutz, das dem Minister unterstand, durch eine verbotene Telefonüberwachung mit alliierter Amtshilfe der Verletzung des Fernmeldegeheimnisses schuldig gemacht hatte. Eine NSA-Affäre auf dem technischen Niveau der sechziger Jahre des vorigen Jahrhunderts und ein Beispiel, das zeigt, in welche Zwickmühle die Politiker geraten können, wenn sie sich die Freiheit nehmen, selbständig zu agieren. Tun sie, was ihnen aus der begrenzten Perspektive des Bereichs, für den sie Verantwortung tragen, geboten zu sein scheint, kann die Demokratie Schaden nehmen – wollen sie das um jeden Preis verhindern, laufen sie Gefahr, als handelnde Politiker nichts bewirken zu können. Und was, bitte schön, würde ihnen dann mehr vorgeworfen? Wie man es auch dreht und wendet, die Ersten, die mit der Demokratie in Konflikt geraten, sind ihre gewählten Repräsentanten, ob sie sich das nun eingestehen, den Streit im Stillen mit sich austragen oder schlichtweg so tun, als ließe sich beides, die Freude an der Macht und der Respekt vor der Volksherrschaft, unter einen Hut bringen.

Die Verdrängung störender Tatsachen gehört zwar ebenfalls zum politischen Geschäft, löst aber keine Probleme, was spätestens dann deutlich wird, wenn Politiker den Punkt erreichen, an dem sie wieder von der Macht lassen müssen. Wie es dann aus ihnen herausbricht, wie sie mit dem eingeübten Gestus der Herrschaft das Wählervotum von sich weisen können, haben wir bereits am Anfang dieses Buches gesehen. Erinnert sei nur kurz an den denkwürdigen TV-Auftritt von Bundeskanzler Gerhard Schröder nach seiner Abwahl 2005. Und wenn es auch nicht immer so theatralisch zugeht wie beim Aufstieg und Fall des Basta-Kanzlers, weil nicht jeder über sein dramatisches Temperament verfügt, so trifft doch jeden das gleiche Schicksal. Es beginnt damit, dass sich der Politiker, will er Erfolg haben, herausheben muss. Dazu kann und soll er die Möglichkeiten der Demokratie nutzen, indem er sich zur Wahl stellt. War er dabei erfolgreich und konnte das erstrebte Mandat erlangen, hat die Demokratie ihren Zweck erfüllt. Der Erwählte bedarf ihrer nicht weiter. Im Gegenteil, er muss fortan sehen, wie er sich gegen sie behauptet. Denn erstens engt sie den Handlungsspielraum ein, den er beansprucht, um sich politisch entfalten und »gestalten« zu können. Und zweitens kann sie ihn irgendwann, bei einer kom menden Abstimmung, wieder die Stellung kosten, auf die sie ihn gelangen ließ. Einmal gewählt, erlebt er den Augenblick, zu dem er sagen möchte: »Verweile doch! Du bist so schön!«

Dass das nicht geht, ist jedem bewusst, selbst wenn er seinen »Faust« nicht gelesen haben sollte. Gleichwohl muss der etablierte Politiker versuchen, der momentanen Situation seiner Erhebung den Anschein eines glücklichen Dauerzustandes zu geben. Wie sonst sollte er sich in Amt und Würden halten. Daher wird er alles daran setzen, die Wähler glauben zu machen, dass die Demokratie in seinen Händen bestens aufgehoben ist, wenn sie ihn nur gewähren lassen, bereit sind, den Bock zum Gärtner zu machen, um wieder auf Ulrich Beck zurückzukommen. Dahinter steckt, noch einmal, keine böse oder sonst irgendwie moralisch zu bewertende Absicht. Die Plünderung der Demokratie ist die Kehrseite des politischen Handelns überhaupt, womit nicht gesagt sein soll, dass das hinzunehmen wäre. Vielmehr verpflichtet es den Bürger zum Widerstand. Das Recht dazu wird ihm vom deutschen Grundgesetz (wie von der österreichischen Verfassung) zugesprochen. Nach der geläufigen Formulierung »Alle Staatsgewalt geht vom Volke aus« heißt es in Artikel 20, Absatz 4: »Gegen jeden, der es unternimmt, diese Ordnung zu beseitigen, haben alle Deutschen das Recht zum Widerstand, wenn andere Abhilfe nicht möglich ist.« Macht das Volk von diesem Recht keinen Gebrauch, dann wird es zum Hehler derer, die sich der Demokratie bemächtigen, um die Interessen der politischen Institutionen, der Parteien, des Staates und seiner Organe über die ihrer Auftraggeber, der Bürger, zu stellen. Wo sie außer Kontrolle geraten, beginnen Regierungen und Geheimdienste ein Eigenleben zu führen. Es entsteht eine politische Kaste, die den Bürger nur noch als »Menschen«, als unmündiges Wesen, als Untertan wahrzunehmen vermag. Die Macht sichert sich um ihrer selbst willen. Es herrscht der »Totalitarismus der gegebenen Verhältnisse«, wie Claudius Seidl am 4. August 2013 in der *Frankfurter Allgemeinen Sonntagszeitung* schrieb.

Damals, während des Wahlkampfs zum Deutschen Bundestag, wollte es vielen wie Schuppen von den Augen fallen. Unübersehbar war, dass sich das politische Establishment gar nicht mehr veranlasst sah, die Wähler mit vernünftigen Argumenten zu überzeugen. Stattdessen wurden die Bürger emotional gedrängt, geradezu genötigt, den politischen Führungsanspruch der etablierten Parteien zu bekräftigen. Mit dem Verlust von Frieden, Freiheit und Wohlstand drohte die amtierende Regierung für den Fall, dass sie nicht im Amt bestätigt werde. Was sie für den Erhalt der Grundwerte des »demokratischen und sozialen Bundesstaates« (Grundgesetz Artikel 2, Absatz 1) tun wollten, sagten die Kandidaten nicht. Im TV-Duell mit ihrem sozialdemokratischen Herausforderer Peer Steinbrück blieb die christdemokratische Kanzlerin bei ihren üblichen Floskeln, als sie erklärte: »Wir können den Menschen einfach sagen, dass wir es schaffen werden.« Das hieß, über alles Weitere sollte man sich keine Gedanken machen, zumal die Regierungschefin rückschauend feststellte. »Da kann ich nur sagen, wir haben das gut gemeistert.« So habe sie mit ihrer Regierung unter anderem »1,9 Millionen Arbeitsplätze geschaffen«. Wer da noch genau zuhörte, konnte sich nur wundern. Ist doch der Staatsapparat der einzige Bereich, in dem eine Kanzlerin tatsächlich Arbeitsplätze schaffen kann. Das hat sie nachweislich und glücklicherweise nicht getan. Belebt wurde der Arbeitsmarkt einzig und allein durch einen wirtschaftlichen Aufschwung, der sich vornehmlich dem Export, zu Teilen auch den Arbeitsmarktreformen während der Kanzlerschaft von Gerhard Schröder, aber bestimmt nicht der Staatskunst von Angela Merkel verdankte. Doch warum sollte man den Wähler mit Tatsachen behelligen, ihn womöglich mit der Wahrheit verwirren, wenn es darauf ankommt, Stimmung zu machen? Das wissen beide Seiten, Regierung und Opposition. Auch sie tat in diesem entlarvenden Wahlkampf bloß das Übliche, indem sie ein bisschen polterte und ansonsten das Blaue vom Himmel herunter versprach. Selbst die Steuererhöhungen, die die Grünen den »Reichen« zur Freude der Ärmeren androhten, waren Theaterdonner, inszeniert in der Gewissheit, dass es im Ernstfall einen Koalitionspartner geben wird, dem sich der Verzicht der Gerechtigkeit in die Schuhe schieben lässt. Als es dann anders kam, die Schwarzen sich mit den Roten zusammentaten, lief es justament ebenso. Nur dass es nun die CDU war, die ihre Ablehnung des Mindestlohns klammheimlich zurücknahm, weil sie der SPD doch irgendwie entgegenkommen musste, um dem »Wählerwillen« zu entsprechen. Überhaupt schien jede Seite bemüht, keine Gräben aufzureißen, über die man nachher nicht springen könnte. Es war dieses Bestreben aller, sich die Option für eine Teilnahme an der Macht, egal in welcher Koalition, offen zu halten, das den deutschen Wahlkampf 2013 zum Exempel machte.

Um politische Alternativen ging es nicht, um Überzeugungen, um Inhalte, um Werte, für die man so oder so einstehen wollte, nicht um eine Demokratie, von der der bereits zitierte Joseph Vogl sagt, dass sie »immer neu hergestellt und errungen werden« muss. Erwartet wurde das Gegenteil, die Bestätigung der politischen Klasse in ihrer Gesamtheit – als Hofstaat der Wohlstandsgesellschaft. Selbst der Präsident des Deutschen Bundestages, Norbert Lammert, räumte noch 14 Tage vor dem Urnengang in einem Interview ein, »dass es den großen politischen Veränderungsbedarf offenkundig nicht gibt«. Dementsprechend gestalteten die Parteien den Wahlkampf: banal und mit dümmlichen Konsumversprechen. Nicht die Parteien, linke, rechte und liberale, sondern die Bürger und die Politiker standen sich gegenüber, die einen in der Rolle dankbarer Versorgungsempfänger, die anderen in der besorgter Erziehungsberechtigter. Überlegen und bisweilen zu Späßen aufgelegt, verplauderten sich die Kandidaten im Schlagabtausch, gern auch mit dem Entertainer Stefan Raab. Von »Infantilisierung« und »Entpolitisierung« war in verschiedenen Kommentaren die Rede, während auf einer Veranstaltung der Alfred Herrhausen Gesellschaft bereits darüber diskutiert wurde, »ob die Wahl nicht länger Herzstück der Demokratie sei, sondern nur mehr deren Relikt«. Treffender noch fragte der Historiker Michael Wolffsohn in einem Beitrag für den *Focus*: »Halten uns die Parteien, alle Parteien, für Deppen?« In der anschließenden Online-Diskussion antworteten ihm viele Leser mit einem entschiedenen Ja! »Leider«, schrieb einer von ihnen, »halten die Parteien uns nicht nur für Deppen, sondern viele Wähler sind es.« Nicht zuletzt für die Politiker mit ihrem hoheitlichen Selbstbewusstsein scheint das mittlerweile selbstverständlich zu sein, bedenkt man, mit welcher Schamlosigkeit sie die Bürger auf dem denkbar niedrigsten intellektuellen Niveau ansprechen. Oder sollten wir annehmen, dass sie auf Augenhöhe mit uns verkehren, uns also unbewusst als Deppen behandeln, weil sie selbst nicht mehr auf der Pfanne haben? »Wer nichts sagt«, so noch einmal Michael Wolffsohn über den Wahlwerbung 2013, »hat nichts zu sagen. Die Plakataussagen der Parteien besagen nichts.« Die Kosten dafür gingen in die Millionen. 8700 Großplakate klebte die CDU, 8000 die SPD; auf bescheidene 1400 brachten es die Grünen.

Die Farce, zu der die Wahlen in der wohlhabenden Demokratie verkommen sind, stellt beiden Seiten kein gutes Zeugnis aus. Gemeinschaftlich missbrauchen sie die Demokratie. Die einen, indem sie den Souverän, das Volk, von oben herab behandeln, es kindisch abfertigen und mit dem Bürger umgehen wie mit einem unreifen Balg; und die anderen, indem sie sich damit zufrieden geben, in der Illusion eines gesicherten Wohlstands zu leben. Dafür wird die Bevormundung achselzuckend in Kauf genommen, nicht von allen, aber doch von so vielen, dass die Politik schalten und walten kann, wie es die Inszenierung der Macht verlangt. Überraschend ist das alles nicht. Schon die Vordenker der bürgerlichen Gesellschaft haben die Plünderung der Demokratie durch die gewählte Obrigkeit vorausgesehen. Was dem Bürger bevorsteht, wenn er glaubt, sich die Politik dadurch vom Hals schaffen zu können, dass er sie professionalisiert, also andere für das Geschäft bezahlt, ist bereits bei Jean-Jacques Rousseau nachzulesen. »Sobald der öffentliche Dienst aufhört«, heißt es in seinem nach wie vor wegweisenden »Gesellschaftsvertrag«, »die wichtigste Angelegenheit der Bürger zu sein, und sie lieber mit ihrer Geldbörse als mit ihrer Person dienen, ist der Staat seinem Ruin bereits nahe.« Anders gesagt, aus der Regierung, die der Gesellschaft dienen sollte, wird ihr teuerster Kostgänger. »Die Regsamkeit des Privatinteresses« – der Rückzug des Bürgers aus dem öffentlichen Leben – befördert »die Maßlosigkeit der Staaten«, die nichts mehr dabei finden, das Volk, das sie bezahlt, nach den Interessen des Apparates und der Parteien zu lenken. »Gebt nur Geld«, so wieder Rousseau, »und ihr werdet bald Ketten dafür haben« – oder die politische Entmündigung, ist mit heutiger Erfahrung zu ergänzen. Dass sich die öffentliche Erregung darüber in Grenzen hält, mehr noch, dass die staatliche Bevormundung bis hin zur Regelung persönlicher Essgewohnheiten als die politische Normalität eines Gemeinwesens mit gewählter Obrigkeit angesehen wird, bestätigt die schlimmsten Befürchtungen des Aufklärers. Aus der Demokratie ist, so Peter Bofinger, einer der fünf Wirtschaftsweisen, eine »Fassadendemokratie« geworden, durchgesetzt hat sich der Absolutismus des Staates.

Wo es um seine Interessen geht, werden die Grenzen des demokratisch Erlaubten zunehmend unbedenklicher überschritten. Obwohl es zu den vornehmsten Aufgaben jeder Regierung gehört, auf die Einhaltung von Recht und Ordnung zu achten, werden Gesetzeslücken mit geradezu sportlichem Ehrgeiz gesucht. Die Methode verriet der luxemburgische Premierminister und spätere Euro-Gruppen-Chef Jean-Claude Juncker, als er 1999 erklärte: »Wir beschließen etwas, stellen es dann in den Raum und warten einige Zeit ab, was passiert. Wenn es dann kein großes Geschrei gibt und keine Aufstände, weil die meisten gar nicht begreifen, was da beschlossen wurde, dann machen wir weiter – Schritt für Schritt, bis es kein Zurück mehr gibt.« So etwas hört man nicht alle Tage. Ungenierter hat sich die Arroganz der Macht selten artikuliert. Nicht genug damit, dass man diejenigen, in deren Namen regiert wird, glaubt hintergehen zu können, weil sie ohnehin nichts »begreifen«, man macht sich auch noch einen Spaß daraus, den Bürgern ihre Einfältigkeit unter die Nase zu reiben. Offen bekennt sich die Politik zur Manipulation. Denn, so noch einmal Jean-Claude Juncker: »Die Dinge müssen geheim und dunkel getan werden.« Heißt: Was nicht rechtens oder rechtlich fragwürdig ist, wird hinterrücks ausgeführt, um Tatsachen zu schaffen, die dann notgedrungen hinzunehmen sind. Tolldreister kann man mit der Demokratie nicht umspringen. Spekulanten lassen das Volk nach ihrer Pfeife tanzen.

Politik wird nicht betrieben, um den Interessen der Gesellschaft Geltung zu verschaffen, vielmehr hat die Gesellschaft den Interessen der Politik zu dienen. Sie muss sich ständig neue Aufgaben erfinden, um existentiell gerechtfertigt zu sein, was dann wiederum eine Erweiterung des politischen Apparats nach sich zieht, womit nun abermals der Rechtfertigungsdruck wächst. Das Handbuch des Deutschen Bundestages verzeichnete 2011 genau 4371 Abgeordneten-Mitarbeiter, sieben pro Parlamentarier. Nach der Bundestagswahl 2013 musste Büroraum für weitere Abgeordnete und ihr Personal geschaffen werden. Die Zahl der Parlamentarier stieg von 620 auf 631. Und alle müssen nun wiederum irgendetwas tun. Für CDU und SPD wurde umgehend das Bundestagspräsidium erweitert. Beide Parteien konnten je einen zusätzlichen Vizepräsidenten entsenden. Die monatlichen Bezüge betragen pro Nase knapp 12 400 Euro; Pensionsansprüche werden überdies erworben. Anders, heißt es, sei das gewachsene Arbeitspensum nicht zu bewältigen. Das System befeuert sich selbst. Es hat zur Herausbildung einer Parallelgesellschaft geführt, die ihre Existenzberechtigung aus sich selbst herleitet. Weil es sie gibt, muss dies oder jenes gemacht werden, ist ein Beschluss über die genormte Gurkenkrümmung zu erlassen oder eine europäische Währungsunion zu exekutieren. Mit Fleiß erschafft sich der Apparat seine Aufgaben. Die Kosten werden umgelegt. Um mehr als sechs Cent pro Kilowattstunde erhöhte sich der Strompreis in den ersten Monaten nach Erfindung der deutschen Energiewende. Auch Bildungsreformen, die sich eine nach der anderen gegenseitig aufheben, zählen zu den bevorzugten Arbeitsbeschaffungsmaßnahmen für den politischen Betrieb. Steuererhöhungen werden durchgedrückt, um mit der Befriedigung steigender Bedürfnisse Stimmen zu gewinnen, weitere Belastungen folgen. Alles notwendig und unsinnig zugleich, je nachdem, ob man es von innen her sieht oder von außen betrachtet.

Dass die Aufrechterhaltung dieses Spielbetriebs für die Beteiligten nicht immer ein Vergnügen ist, dass der Einzelne dabei oft bis zur Erschöpfung arbeitet, dass die meisten Politiker eine Sieben-Tage-Woche haben, täglich zwölf Stunden und länger beschäftigt sind, dass viele Parlamentarier nicht wissen, wo ihnen der Kopf steht, dass sie von einer Sitzung zu anderen hasten, steht ebenso außer Frage wie die Tatsache, dass sie sich in einem Hamsterrad müde laufen. Was dabei für die Gesellschaft herausspringt, verliert sich im Marginalen, zumal es den Akteuren nur allzu oft an der fachlichen Kompetenz für das fehlt, was sie sich vorgenommen haben. Die Bedeutung, die sie beanspruchen, müssen sie sich und den anderen vorspielen. Der Sinn ihres Tuns erschöpft sich in der Demonstration politischen Handelns. Dafür bedurfte es der Einführung des Euro unter Helmut Kohl und der Energiewende unter Angela Merkel. Wirtschaftlich geboten oder auch nur vertretbar war das eine so wenig wie das andere. Die, die es veranlassten, konnten die Folgen nicht annähernd abschätzen, wie wir unterdessen wissen. Sie haben, sehen wir es aus der Perspektive des zahlenden Bürgers, verantwortungslos gehandelt, obwohl sie für ihre politische Selbstbehauptung das Richtige taten, indem sie entschlossenes Handeln demonstrierten. Was politisch geschieht, ereignet sich immer öfter jenseits der Realität, auf der Bühne eines Staatstheaters. Die Darsteller sind professionelle Dilettanten, die überzeugen, indem sie selbst glauben, sein zu können, was sie sein wollen. Sie gehen wahrhaftig in ihrer Rolle auf. Ihre Realität ist die Illusion. In der abgehobenen Existenz, der *splendid isolation* des politischen Daseins, verwechseln sie die Bühne mit der Welt. Die Bürger sind ihre Statisten, zwangsweise eingebunden in das Spiel der politischen Selbstverwirklichung. Die Kosten gehen zu ihren Lasten. Die Hybris wird zur öffentlichen Angelegenheit.

Für den Schaden, den wir privat anrichten, weil wir mit einer Kompetenz angeben, über die wir nicht verfügen, müssen wir persönlich einstehen. Selbst in der Wirtschaft wird zur Verantwortung gezogen, wer über seine Verhältnisse spekuliert, auch wenn das bisweilen dauert, die Verfahren sich in die Länge ziehen und der verursachte Schaden oftmals nicht wieder gutzumachen ist. Prinzipiell muss der Hochstapler, Privatmann wie Unternehmer, für das, was er leichtfertig oder vorsätzlich verzapft hat, geradestehen. Die Politiker indessen versenken Millionen und Milliarden in Baugruben, die kein Fachmann jemals hätte ausheben lassen, ohne dass sie um ihre Pensionen bangen müssen. Und deshalb vor allem, weil die Ahnungslosen ihre Unfähigkeit mit Selbstüberhebung kompensieren müssen, ist die Politik zu einer überteuerten, mittlerweile unbezahlbaren Dienstleisung geworden, zu einem Unternehmen ambitionierter Dilettanten. Es geht nicht darum, den Parlamentariern ihre Diäten, den Ministern die Gehälter nachzurechnen. Dafür sitzen sie lange genug in ihren Büros und Konferenzräumen. Das macht den Kohl nicht fett, obwohl auch kein Grund besteht, immerfort das alte Lied von den unterbezahlten Politikern anzustimmen. Die Mär, dass sie in der Wirtschaft besser verdienen würden, ist statistisch längst widerlegt, jedenfalls für die Mehrheit der politischen Klasse. Ihre Angehörigen genießen in aller Regel eine Rundumversorgung von der Büro- über die Personalpauschale bis hin zur finanziellen Reisefreiheit, mit der sie sich deutlich abheben von der Mittelschicht ihrer Wähler. Ein deutscher Minister bringt es auf 14 242, ein Staatssekretär auf rund 11 000 Euro im Monat. Das steht ihnen zu, selbstverständlich, mögen die ewigen Neidhammel sagen, was sie wollen. Nur gibt es auch hier wieder ein Dilemma, das einem bewusst sein sollte, weil es dazu führen kann, dass dem Steuerzahler die Kosten davonlaufen.

Da sich das Bewusstsein – eine Marxsche Erkenntnis von Dauer – aus dem Sein ergibt, erst recht in der Wohlstandsgesellschaft, zieht die besondere Versorgung stets das Gefühl besonderer Bedeutung nach sich, ein Selbstbewusstsein, das um so mehr aufblüht, je weniger es von einer fachlichen Kompetenz, die Zweifel wecken könnte, beschnitten wird. Wer viel bekommt (auf 170 000 Euro jährlich bringen es die Bundestagsabgeordneten im Schnitt), fühlt sich berufen, viel zu entscheiden, unter Umständen mehr, als er überblicken kann. Privilegien wecken die Tatkraft der Ehrgeizigen; und welcher Politiker wollte für sich nicht beanspruchen, zu ihnen zu zählen.»Mit dem Essen«, kokettierte der CSU-Mann Peter Ramsauer in einem Interview, »kommt buchstäblich der Appetit … Jemand stellt ihnen etwas hin, und je mehr sie essen, desto größer wird der Heißhunger. So ist das auch mit der Politik. Von Herausforderung zu Herausforderung kriegt man mehr Lust und geht von Amt zu Amt. Dabei weiß man nicht, wo das endet, man hängt sich einfach voll rein.«

Die Pläne, die einer schmiedet, die Projekte, die sich mit seinem Namen verbinden sollen, müssen seiner Position entsprechen, besser gesagt der Vorstellung, die er sich davon macht. Mit einem Flughafen, dessen Ausmaße sich am Bedarf orientiert hätten, wäre Klaus Wowereit als Regierender Bürgermeister unter dem Niveau der bekleideten Stellung geblieben. Die Dimensionen des Airport hatten seiner Phantasie entsprechen sollen, und das möglichst schnell, glanzvoll hergerichtet für die große Sause zur Eröffnung. »Hedonistisch verpackte Verantwortungslosigkeit«, nennt das der Publizist Reinhard Mohr. Von den technischen Problemen hinter der

Fassade wollte sich »Schampus-Wowi« ebenso wenig aufhalten lassen wie sein Kollege Ole von Beust beim Bau der Hamburger Elbphilharmonie. Die Kosten dafür haben sich über die Jahre verzehnfacht, aus den geplanten 77 sind 789 Millionen geworden, inklusive der Toilettenbürsten, das Stück zu Euro 291,97. Die Eröffnung ist vorläufig auf das Jahr 2017 verschoben. Weitere Exempel, bei denen die Ausgaben unter der Hand in schwindelerregende Höhen stiegen, ließen sich seitenlang anfügen, vom Stuttgarter Hauptbahnhof bis zu einem Flugplatz in der hessischen Provinz, auf dem kaum eine Airline landen will, weil es nur ein paar Flugminuten kostet, um sehr viel komfortabler in Frankfurt anzukommen. Auch auf der Formel-1-Rennstrecke, die sich der sozialdemokratische Ministerpräsident Matthias Platzeck in Brandenburg bauen ließ, hat nie ein Bolide auf der Pole Position gestanden. Und wer wird je auf dem Radweg fahren, für den man in Darmstadt begann, einen ganzen Berg abzutragen, um dann über eine Asbestbelastung zu erschrecken, die man vorher übersehen wollte?

Da wie dort, im Kleinen wie im Großen, ob es um ein paar Hunderttausend oder wie in Berlin um fünf Milliarden geht, wird zur Ehre der öffentlichen Bauherren geplant und gebaggert, werden feudale Gewohnheiten zur Erhöhung der Persönlichkeit gepflegt. Auch das Versailles Ludwigs XIV. war ja kein Privathaus, sondern ein Repräsentationsbau, der der Bedeutung des Monarchen beständigen Ausdruck verleihen sollte. Doch anders als der Sonnenkönig einst müssen die demokratisch Ermächtigten dafür nicht mehr in die private Schatulle greifen. Weil sie die gewählten Repräsentanten der bürgerlichen Gesellschaft sind, deckt die öffentliche Hand die Ausgaben der Politiker. Sollte dies nicht das Gegenteil jeglicher Verschwendung, eine besondere Verantwortung beim Umgang mit dem anvertrauten Vermögen nach sich ziehen? Dürfen wir das überhaupt noch erwarten, wenn wir den Politikern von vornherein einen Persilschein ausstellen, gar nicht mehr versuchen, sie haftbar zu machen, sie nach verursachtem Schaden so mir nichts, dir nichts in den wohlversorgten Ruhestand entkommen lassen? Sicher, wenn einer zurücktritt, kann er zukünftig nichts mehr anrichten. Diese Gewissheit besteht immerhin. Doch was ist mit der aufgelaufenen Schuld, mit dem Versagen, das Schule macht, wenn es nicht verfolgt wird? Jeder Manager, der nur Bruchteile dessen veruntreut hätte, was unter der Aufsicht Klaus Wowereits, um bei dem Beispiel zu bleiben, vergeudet wurde, müsste sein klein Häuschen verkaufen, um wenigstens etwas zum Ausgleich der Verluste beitragen zu können. Ganz zu schweigen von weiterer strafrechtlicher Ahndung. Und der Regierende Bürgermeister, was tut er? Er bleibt lächelnd im Amt, weil er sich nun gerade berufen fühlt, die Verantwortung für etwas zu übernehmen, das er schon vorher nicht verantworten konnte. Zwanzig Millionen Euro kostet der Berliner Geisterflughafen, der sein größtes Prestigeobjekt werden sollte, den Steuerzahler monatlich. Das Datum der Inbetriebnahme steht bis auf weiteres in den Sternen.

Es geht hier nicht um die simplen Fälle von Korruption oder persönlicher Bereicherung. Das wird Klaus Wowereit so wenig wie anderen vorzuwerfen sein. Die Kosten der Hofhaltung stehen auf einem anderen Blatt. Der Weinkeller des französischen Präsidenten, in dem 15 000 Flaschen der teuersten Jahrgänge lagern, mag ruhig verschlossen bleiben. In Rede stehen die Methoden des Managements. Zu ahnden ist das staatlich gedeckte Spekulantentum, die Hochstapelei zu Lasten des Volksvermögens, der Größenwahn dilettierender Mandatsträger: ein Verhalten, das den politischen Vorteil über alles stellt.

Wie wollen wir diesem ausufernden Treiben Einhalt gebieten, wenn wir nicht anfangen, gleiches Recht auf alle anzuwenden? Was ist der Rechtsstaat wert, wenn er sich an diejenigen, die ihn politisch vertreten, nicht heranwagt? Wollen wir mit der juristischen Aufarbeitung parteiherrlicher Verschwendung bis nach der nächsten Katastrophe warten, um dann einen Gerichtshof einzusetzen, der die Verbrechen gegen das Volksvermögen und gegen die Zukunft ahndet?

Niemand sage, dass es nicht möglich wäre, dem politischen Größenwahn juristisch beizukommen. Die Isländer haben die Politiker, die Mitschuld trugen an der Finanzkrise und dem finanziellen Ruin des Landes, vor Gericht gestellt. Der Staat trieb danach keineswegs führungslos in die Zukunft. Die Behauptung, es fände sich niemand, der noch bereit wäre, sich auf das riskante Geschäft der Politik einzulassen, wenn er damit rechnen müsse, nachher für begangenes Unrecht angeklagt zu werden, entbehrt jeglicher Erfahrung. Sie ist frei aus der Luft gegriffen, um den Status quo zu zementieren: eine ebenso fadenscheinige wie verhängnisvolle Argumentation, die weder zur Erklärung noch gar zur Entschuldigung taugt. Im Gegenteil! Bevor man ihr folgt, sollte man sich klar machen, worauf das hinausläuft: auf die ethisch-moralische Bankrotterklärung der bürgerlichen Gesellschaft. Denn wer unterstellt, Politiker seien nur zu rekrutieren, wenn sie davon ausgehen können, für ihr politisches Tun juristisch nicht belangt zu werden, glaubt doch im Grunde, ohnehin nur Galgenvögel für die politische Führung gewinnen zu können. Zu dieser Sicht der Dinge wollen wir uns nicht versteigen. Dazu besteht kein Anlass. Wohl aber brauchen wir ein grundsätzlich verändertes Politik-Verständnis, eines, das den geänderten Bedingungen der arbeitsteiligen Konsumgesellschaft entspricht.

Bis heute erwarten wir, dass die Politiker Erwartungen erfüllen, die sich in den Zeiten des demokratischen Aufbruchs herausgebildet haben, zuerst im 19. Jahrhundert, während der moderne Parlamentarismus entstand, und weiter dann in den zwanziger Jahren des vorigen Jahrhunderts, nachdem das deutsche und das habsburgische Kaiserreich zusammengebrochen waren. Nach 1945 haben sich diese Vorstellungen unter der Aufsicht der alliierten Westmächte noch einmal verfestigt, ebenso wie 1989, als in Ostdeutschland sogar eine Partei entstand, die sich »Demokratischer Aufbruch« nannte. Über Generationen hinweg galt das Ideal einer Politikerpersönlichkeit, die mehr sein sollte als ein bezahlter Verwaltungsbeamter. Den Maßstab hatten die ersten Demokraten gesetzt, als sie in die Politik gegangen waren, um die freiheitlichen Ansprüche des Bürgertums durchzufechten. Von ihren Nachkommen wurde stillschweigend erwartet, dass sie sich an diese Vorgabe halten würden. Im Vertrauen darauf entstand die repräsentative Demokratie, ein Gemeinwesen, in dem wenige die Interessen aller vertreten, nicht weil sie dafür bezahlt werden, sondern weil ihnen das Wohl des Volkes, zu dem sie sich zählen, am Herzen liegt. Noch im 1949 verabschiedeten Grundgesetz für die Bundesrepublik Deutschland wird den Abgeordneten eine »Entschädigung«, kein Gehalt zu gesprochen. Diese Bezüge sollten ihre »Unabhängigkeit« sichern. Für die Verluste, die sie hinnehmen mussten, weil sie ihre Erwerbstätigkeit vorübergehend einschränkten oder ruhen ließen, um sich für das Gemeinwohl einzusetzen, stand den gewählten Volksvertretern ein finanzieller Ausgleich zu. Es galt noch die Vorstellung von der politischen Tätigkeit als einem Engagement jenseits des bürgerlichen Erwerbslebens. Wer das auf sich nahm, stand im Ruf einer gewissen Selbstlosigkeit sowie eines ausgeprägten Verantwortungsbewusstseins. Damit entsprach er dem Ideal, dem hergebrachten Bild des Politikers, dem man vertrauen wollte. Und wollen wir das nicht immer noch? Sind wir nicht nach wie vor befangen in der romantischen Vorstellung einer heilen Demokratie? Und könnte es nicht sein, dass wir mit dieser Blauäugigkeit in einer politisch völlig veränderten Welt Gefahr laufen, um die Demokratie betrogen zu werden, gerade von denen, die uns alle politischen Sorgen abnehmen wollen? Dürfen wir dem Frieden trauen, den sie versprechen? Was können sie überhaupt noch auf Ehr und Gewissen versprechen?

Fragen über Fragen und Zweifel, die sich nicht leicht als Schwarzmalerei vom Tisch wischen lassen, zumal mit wachsender Verunsicherung, der aufsteigenden Angst vor der Zukunft, das Bedürfnis steigt, sich an einzelne Persönlichkeiten des politischen Lebens zu klammern, Führung zu suchen. Die Welle der Begeisterung, auf der die deutsche Bundeskanzlerin durch die letzte Wahl schwappte, machte aus dem demokratischen Verfahren schon das Spektakel einer Inthronisation. Bei einer Wahlkundgebung der Kanzlerin auf dem Bahnhofsplatz in Rüsselsheim hielten Zuhörerinnen und Zuhörer Transparente hoch, auf denen nichts weiter stand als »Angie«. Die Partei hatte die Pappen herstellen lassen. Ihre Umrahmung war rot, in der Farbe der Liebe, gehalten; gefeiert wurde die Kanzlerin der Herzen. Der Bauch obsiegte über den Verstand, erst recht am Wahlabend. Die Jubel-Deutschen lagen sich in den Armen vor Freude über den Sieg ihrer Führerin. Rund siebzig Prozent der CDU-Wähler, in der einen Umfrage ein paar Prozent mehr, in der anderen ein paar weniger, hatten sich für die Partei entschieden, weil sie »Angela« mögen. Wollte man diese und ähnliche Vorkommnisse als Anzeichen für den Einstieg in die »postdemokratische Epoche« ansehen, wäre dem wenig entgegenzuhalten, vorausgesetzt, man interpretierte den Begriff wortwörtlich, als das Ende der Volksherrschaft. Tatsächlich erleben wir den Übergang von der repräsentativen Demokratie zu einer Demokratie der Repräsentanten. Das Vertrauen, das die Wähler ihren Politikern nach alter Art und Sitte aussprechen, entbehrt jeglicher inhaltlichen Begründung. In einer Analyse der Wahlwerbung in Hessen kam das Institut für Kommunikationswissenschaften an der Universität Hohenheim zu dem Schluss, dass die Parteien nicht mehr in der Lage seien, sprachlich auszudrücken, wofür sie einstehen wollen. Gesichter müssen deshalb die Inhalte ersetzen, was ein korrektes Verfahren sein kann, sofern es sich bei der »Partei« um ein Unternehmen handelt wie das »Team Stronach«, mit dem der Milliardär Frank Stronach, Begründer des Magna-Konzerns, zur österreichischen Nationalratswahl antrat, mit einem Budget von 25 Millionen Euro aus der eigenen Tasche. Die Plakate, die ihn selbst zeigten und die mit »Jetzt Frank« unterschrieben waren, enthielten das ganze Programm. Die Wähler sollten ihm, ihm allein vertrauen. Genauso aber verhält es sich mittlerweile auch bei denen, die sich noch als Volksvertreter verstehen. Auch bei ihnen kann sich das Vertrauen nur noch auf einzelne Persönlichkeiten beziehen, Ausdruck der Zu- oder Abneigung sein, ein Votum der Sympathie. Zwar gab es schon früher Plakate, auf denen Helmut Kohl »Schöne Urlaubsgrüße vom Wolfgangsee« schickte und die Grünen mit einem Kind an der Brust seiner Mutter »Ja! Zu gesundem Essen« sagten, doch erst die Wahlwerbung 2013 hat Deutschland in ein Land des Lächelns verwandelt. Merkel und Steinbrück, die Matadoren, ein unbekannter Pirat und ein Freier Wähler, den wir nicht kannten, alle freuten sie sich auf ihren Plakaten wie die Honigkuchenpferdchen. Weil ihm das nicht so recht gelingen wollte, holte sich der Grüne Hans-Christian Ströbele Hilfe aus dem Jenseits. Johannes Heesters, der alte Lebeschön, Gott hab ihn selig, durfte noch einmal von den Litfaßsäulen auf uns niedergrinsen: Graf Danilo in der Rolle des Ströbele. Alles in Butter auf dem alten Kutter. Die Party kann weitergehen, auch mit dem Liberalen Wolfgang Kubicki, von dem immerhin zu erfahren war, dass er »die Freiheit in Person« sei. Wer's glauben wollte, brauchte sich weiter keine Gedanken zu machen. Die Entertainer werden schon für den gewohnten Spaß sorgen. »Cool bleiben und Kanzlerin wählen«, plakatierte die Junge Union der CDU. Die Parteien warben für das, was dem Geschäftszweig das Wichtigste sein muss, die Bestätigung ihrer Führungsebene. Was das dem Bürger sollte, was er wollte und was ihm womöglich dienlich sein könnte, stand nicht zur Debatte. Entsprechend gestalteten sich nachher die Koalitionsverhandlungen zwischen CDU/CSU und SPD. Große Themen kamen nicht aufs Tapet. Stattdessen rauchten die Köpfe bei den Gesprächen über die Einführung einer Maut auf deutschen Autobahnen, wobei vor allem darauf zu achten war, dass keine Seite einen Gesichtsverlust erleiden sollte.

Dass wir diesem eitlen Treiben Vorschub leisten, indem wir zu den Politikern aufblicken, anstatt sie ihrer Funktion gemäß zu behandeln, mit Respekt, aber ohne Ehrerbietung, liegt auf der Hand. Die Inszenierung der politischen Kaste als Obrigkeit der Demokratie hat längst groteske Züge angenommen. Obwohl sie eben noch die Faust in der Tasche ballten, stehen die Menschen wenig später Spalier, wenn die Promis der Politik das Bayreuther Festspielhaus betreten. Die Presse befasst sich mit der Robe der Damen, der schulterfreie Aufzug der Familienministerin Kristine Schröder beschäftigt den Boulevard, als sei es ein Stück von Lady Gaga persönlich. Jede Hochzeit, jede Scheidung eines Ministers wird in der Presse vermeldet. Als der deutsche Bundesgesundheitsminister Daniel Bahr, eine politischer Dachs, der noch kaum von sich reden machte, im Sommer 2013 Vater wurde, erfuhr das Volk, dass die Tochter Carlotta Filippa Amelie heißt, bei der Geburt 3150 Gramm wog und 51 Zentimeter groß war. Auch Christian Lindner, ewiger Milchbart und Hoffnungsträger der untergehenden FDP, twitterte am 1. Oktober 2013 Wichtiges. Am nächsten Tag stand es in allen Zeitungen von *Bild* bis *FAZ*: Er hatte sich einer Haartransplantation unterzogen. Die Geheimratsecken, die sich langsam auf dem Kopf des Politikers abzuzeichnen begannen, waren wieder bewachsen: Problem gelöst. Herr Lindner ließ mitteilen, er finde, »das Ergebnis« sei »ganz cool geworden«. Die Maskenbildner haben Konjunktur. Alles Show, alles Theater, verkehrte Welt. Oder hat man schon einmal erlebt, dass die Eigentümer eines Unternehmens winkend aufmarschieren, wenn ihre Angestellten ins Theater gehen? In welcher Rolle müssen sich die Politiker sehen, wo sie sich derartiger Aufmerksamkeit erfreuen dürfen? Wer da nicht abheben würde, wäre nicht von dieser Welt. Das Sendungsbewusstsein, in dem sie sich wiegen, wird den Politikern angetragen. Dass sie ihren politischen Kosmos für das halten, was Immanuel Kant »das Ding an sich« nannte, ein Seiendes, das unabhängig von seiner Wahrnehmung existiert, ist den Politikern nicht vorzuhalten. Mit ihrer gesellschaftlichen Erhebung haben wir sie selbst in die Traumfabrik abgeschoben.

Die verbindenden Interessen, abgesehen vom Entertainment, sind beiden Seiten abhanden gekommen. Das Volk und seine Politiker ziehen nicht mehr an einem Strang. Bestenfalls handeln sie noch miteinander. Aus der Politik ist ein »Betrieb« geworden, wenn auch keiner mit produktivem Ausstoß. War sie früher Mittel zum Zweck, wurde sie aus dieser oder jener Überzeugung heraus betrieben, so ist die Politik heute selbst zum Zweck des beruflichen Daseins geworden, ein Job, in dem sich der Erfolg am persönlichen Fortkommen bemisst. Die Ministerämter werden wie Sinekuren verteilt: Man bekommt sie. Verantwortlich handelt der professionelle Politiker, wenn er die Interessen der politischen Wirtschaft vertritt. Ihr muss er auf der staatlichen, der parlamentarischen und zuvorderst auf der parteilichen Ebene dienen, wobei es von Fall zu Fall hilfreich sein kann, in die Rolle des Volksvertreters zu schlüpfen. Aus Überzeugung indes muss das nicht zwingend geschehen. Entscheidend ist das pragmatische Kalkül. Verpflichtender als Ideen und Ideale wirken der Ehrgeiz und das Karrierestreben des Einzelnen. Nichts könnte ihn fester an ein Unternehmen binden als die Möglichkeit einer solchen Selbstverwirklichung. Daraus ergibt sich das Verantwortungsbewusstsein in der individualisierten Wohlstandsgesellschaft, das der Politiker nicht zuletzt. Als Oskar Lafontaine noch mit Gerhard Schröder befreundet war, will er ihn einmal gefragt haben, warum er sich das alles antue, diese Belastung, den täglichen Druck, das aufreibende Dasein. Der damals noch amtierende Kanzler soll geantwortet haben: »Ich will die Macht und die Kohle.« Schröder hat diese vielfach kolportierte Anekdote nie dementiert. Wir sollten dem Altkanzler für seine schnoddrige Ehrlichkeit dankbar sein. Der angeschlagenen Demokratie erweist er damit einen größeren Dienst als ihre Gesundbeter.

Man muss das alles, diesen Verfall der politischen Sitten und das Imponiergehabe der Neureichen ohne intellektuelle Rücklagen, nicht gutheißen. Immerhin werden da eben die Ideale der Aufklärung locker über Bord geworfen. Der Verlust orientierender Wertvorstellung ist gewiss keine Kleinigkeit. Gerade deshalb aber sollten wir aufhören, die Augen davor zu verschließen, dass sich die Geschäftsgrundlage der repräsentativen Demokratie in entscheidenden Punkten geändert hat. Als Peer Steinbrück nach seiner Nominierung als SPD-Kanzlerkandidat für eine bessere Entlohnung des Postens eintrat, machte er nur öffentlich, was ihm wichtig sein musste. In einer Gesellschaft, die sich angewöhnt hat, den Einzelnen nach seinem Verdienst einzuschätzen, wäre der Mann nicht ganz bei Trost, würde er sich keine Gedanken darüber machen, dass er als Kanzler »weniger als ein Sparkassendirektor« verdienen soll. Von welchem Manager, der sich um einen Vorstandsposten bewirbt, würde man verlangen, diesen Punkt außer Acht zu lassen? Die Empörung, die das Thema gleichwohl auslöste, offenbart dreierlei: erstens einen deutlichen Realitätsverlust; zweitens die ausgeprägte Neigung zu gemeinschaftlicher Heuchelei; und drittens das Eingeständnis einer politisch provozierten Doppelmoral. Weil sie nicht müde werden, sich auf ihr Verantwortungsbewusstsein und den Einsatz für das Ganze zu berufen, sind die Politiker im Bewusstsein des Bürgers zu Sachwaltern in Sachen Moral mutiert. Sozusagen arbeitsteilig haben sie persönlich für deren Bewahrung in der Gesellschaft einzustehen. Sie werden an Ansprüchen gemessen, die sie schlechterdings nicht erfüllen können. Sie sollen besser, klüger und mutiger sein als wir alle und sind doch nur unseresgleichen. Aus selbstverschuldeter Überforderung resultieren Enttäuschung und Hybris auf beiden Seiten. Die da oben fühlen sich zur Hochstapelei ermuntert, während die da unten meinen, sie würden für dumm verkauft, wenn ihnen noch offensichtliches Scheitern und Versagen als politischer Erfolg verkauft werden, nach einer Wahlniederlage, einer revidierten Bildungsreform oder einem Euro-Gipfel ohne Ergebnis. Zynisch handeln in diesem Gewerbe aber die wenigsten. Wenn sie schwindeln, tun sie es, weil sie sich der Wahrheit nicht gewachsen fühlen. Als Lügner sind die Politiker unserer Tage ehrlich. Überwiegend geben sie, was sie zu geben haben. Wer mehr erwartet, handelt sich die Enttäuschung selbst ein.

Nur hoffnungslose Verträumte können noch annehmen, dass man den Politikern grundsätzlich vertrauen kann, weil sie von morgens früh bis abends spät begierig sind, ihrem Land zu dienen. Derartige Vorstellungen sind anachronistisch, unrealistisch und anmaßend zugleich. Wieso sollten die Volksvertreter Erwartungen erfüllen, denen die Menschen selbst nicht länger entsprechen wollen? In der individualisierten Konsumgesellschaft wird eben auch die Politik als Konsumartikel unter die Leute gebracht. Horst Seehofer spricht bereits vom »Markenkern«« der CSU. Wer keine Botschaft mehr hat, muss dafür auch nicht eintreten. Die Programme der Parteien sind längst in den Archiven abgelegt, vergessen. Steht uns eine Wahl bevor, kommt ins Angebot, was gerade gut geht. Besonderer Renner waren im vergangen Jahr »die soziale Gerechtigkeit, Gleichberechtigung, Gleichbehandlung, Chancengleichheit, Gleichstellung«. Bei fast allen Parteien gab es das mit unterschiedlichen Preisabschlägen. Sie wäre doch dumm, wenn sie in ihrem Laden nicht anböte, was andere mit der Aussicht auf Erfolg am Markt eingeführt haben, erklärte die CDU-Vorsitzende Angela Merkel im Duell mit ihrem Herausforderer. »Die mächtigste Frau der Welt«, wie sie häufig und durchaus respektvoll genannt wird, weiß, wie man Kasse macht, welcher Marketingmix den Erfolg garantiert. Mit der Arbeit an eigenen Konzepten vertut sie ihre Zeit nicht. Ganz abgesehen davon, dass sich das Volk, ist es erst einmal im Namen der Gerechtigkeit nivelliert, mühelos »durchregieren« lässt. Teilen hilft herrschen, Umverteilen sichert die absolute Herrschaft. Wer die Bürger zum Nachdenken ermuntern würde, würde sich nur Ärger einhandeln.

Wo sich der Glücksanspruch aller sofort erfüllen soll, ist mit zukunftsweisenden Botschaften kein Blumentopf zu gewinnen. Die politische Programmatik reduziert sich unversehens auf die Effekthascherei knalliger Produktwerbung. Ein Gag muss den anderen toppen. Guido Westerwelle alberte einst im Big-Brother-Container, Gerhard Schröder bei Thomas Gottschalk, von dem sich auch die deutsche Familienministerin Ursula von der Leyen gern einladen ließ. Als Wettpatin stand sie einer Boygroup bei, die uns vormachte, wie man heruntergelassene Hosen ohne Zuhilfenahme der Hände, allein mit dem Hüftschwung wieder hochziehen kann. Die Spirale der Peinlichkeiten windet sich höher und höher. Auf einer Fotostrecke der *Süddeutschen Zeitung*, die den Witz, den sie haben wollte, nicht erkennen ließ, zeigte Peer Steinbrück zwei Wochen vor der »alles entscheidenden« Bundestagswahl 2013 den Stinkefinger. Andrea Nahles, die SPD-Generalsekretärin und Mutter einer dreijährigen Tochter, trällerte am Rednerpult des Deutschen Bundestages das Pipi-Langstrumpf-Lied »Daa-da-di-daa-da …«, während sich die Kommunistin Sahra Wagenknecht, geboren 1969, als Blumenmädchen im Frida-Kahlo-Look ablichten ließ und die amtierende Kanzlerin dem Volke gestand, sie traue sich nur noch »auf einsamen Waldwegen« selbst mit dem Auto zu fahren. Nun ja, dann braucht wohl niemandem mehr bange zu sein um die Zukunft der stärksten Volkswirtschaft Europas. Willkommen in der Republik der Narren.

Sieht man, was die Deutschen und nicht weniger die Österreicher (mit 4,7 Prozent lag ihre Arbeitslosenquote 2013 noch einen halben Punkt unter der deutschen) wirtschaftlich bewegen, und hält dagegen, womit sich die politische Klasse aufspielt, dann bleibt nur der Schluss, dass beides miteinander nichts mehr zu tun haben kann. Nach des Tages Arbeit bekommen die Bürger ein Schmierentheater geboten, das den Eintritt nicht wert ist, den sie dafür berappen müssen. 2012 betrug die Obergrenze der staatlichen Parteienfinanzierung in Deutschland 150,8 Millionen Euro. Österreich ist laut dem Politologen Hubert Sickinger in dieser Disziplin sogar Weltmeister: 200 Millionen Euro für knapp sieben Millionen Wahlberechtigte entfielen im gleichen Jahr auf die Parteien. Für den Wahlkampf 2013 haben allein CDU und SPD jeweils mehr als zwanzig Millionen ausgegeben. Dagegen wäre grundsätzlich nichts einzuwenden. Jede Gesellschaft muss die politische Führung, die sie braucht, finanzieren. Keinesfalls aber sollte das blindlings geschehen, im bloßen Vertrauen auf die Redlichkeit der Zuwendungsempfänger. Die Gutgläubigkeit der Bürger entsprach dem Ethos der repräsentativen Demokratie in ihrer klassischen Ausprägung, einer Vergangenheit, in der sich die Politiker nicht bloß de jure der zukunftsträchtigen Gestaltung des Gemeinwesens verschrieben hatten. Unterdessen jedoch fürchten wir das Kommende mehr, als dass wir ihm entgegenfiebern. Das Verlangen hat uns um die Träume gebracht. Jeder versucht das Seine für sich zu sichern. Die Kommerzialisierung aller gesellschaftlichen Bereiche hat den Wohlstand sowie die Ansprüche mit wachsendem Tempo gesteigert, und wie von selbst ging dabei das Vertrauen in die Gemeinschaft verloren, die Legitimation der Politik. Sie hat sich, man kann das nicht oft genug wiederholen, zu einem eigenen Geschäftszweig im Rahmen der bürgerlichen Erwerbsgesellschaft entwickelt, mit Tarifverträgen, Gehaltsanpassung und betrieblicher Altersversorgung, wie es sich gehört. Einzig die Vorstellung, die wir uns von der Politik machen oder doch machen sollen, ist dahinter zurückgeblieben. Der erweckte Anschein überstrahlt das Sein. Und solange die Bürger das hinnehmen, weil sie jegliche Veränderung scheuen, werden sich die Politiker ergebnislos bis zur Erschöpfung in ihrem Konklave abstrampeln. Es läge in ihrem eigenen Interesse, dem faulen Zauber ein Ende zu machen.

Indem sie tun, als wirkten sie weiterhin unter den Bedingungen einer intakten Demokratie, begehen alle Parteien gemeinschaftlich den ganz großen, den eigentlichen Wahlbetrug, einen Etikettenschwindel sondergleichen. Ob das aus Berechnung geschieht oder schlicht deshalb, weil sich die bildungsverarmte Gesellschaft zunehmend um den historischen Verstand bringt, ist beinahe ohne Belang. Die Schuldfrage muss nicht mehr gestellt werden. Die Uhr der Geschichte lässt sich nicht zurückdrehen. Sehr viel mehr ließe sich gewinnen, wenn wir den Mut aufbrächten, uns auf die Gegebenheiten einzustellen. Nur das Verharren in der Illusion kann die Demokratie wirklich gefährden. Betrachteten wir den politischen Betrieb dagegen geschäftlich als abrechenbare Dienstleistung mit erfolgsorientierter Entlohnung, wäre den Rosstäuschern das Wasser abgegraben, weil sie akzeptieren müssten, was bei allen Geschäften gilt: Vertrauen ist gut, Kontrolle ist besser. Das entspräche gewiss nicht den Idealen der Demokratie, ihr Königsweg sähe anders aus. Für den Anfang aber würde es helfen, wieder Verhältnisse zu schaffen, aus denen neues Vertrauen erwachsen könnte. Und vielleicht würde sich dann sogar wieder so etwas wie ein verbindendes Interesse an der Zukunft einstellen. Derzeit jedenfalls befürworten 85 Prozent der Deutschen eine stärkere Kontrolle ihrer Politiker.

Dem steht freilich entgegen, was in einer anderen Umfrage etwa zur selben Zeit ermittelt wurde. Demnach würde sich die Mehrheit, bestünde die Möglichkeit der Direktwahl, einer machterprobten Führung, namentlich Angela Merkel anvertrauen. Sieht man beide Umfragen zusammen, dann ist das alles andere als der demoskopische Ausdruck vertrauensvoller

Zustimmung, eher schon ein Signal politischer Resignation, vielleicht sogar der Verzweiflung. In dem Maße, in dem sich die Bürger von der politischen Klasse enttäuscht, verschaukelt und hintergangen fühlen, wächst das Bedürfnis, Idole aufzubauen. Die Phantasie erschafft sich Lichtgestalten, deren Charisma über die Misere hinwegtäuschen soll. Weil sie als zermürbend empfunden wird, unterliegt die kritische Vernunft betäubenden Emotionen. Das bereitet den Boden für die Entstehung autoritärer Strukturen. Sie werden, ist die Lage erst aussichtslos genug, als das kleinere Übel in Kauf genommen. Sie scheinen geradezu notwendig, um der angehimmelten Lichtgestalt, dem Hoffnungsträger, ausreichenden Spielraum zu verschaffen.

Als die CSU bei der Wahl im September 2013 wieder mit der absoluten Mehrheit in den bayerischen Landtag einzog, titelten die Medien »Traumergebnis für Horst Seehofer«, »Super-Horst«, »König Horst«. Der Parteivorsitzende wurde gefeiert wie Hermann nach der Varusschlacht. Bis zur Erschöpfung beklatschten die Getreuen ihren Anführer in der Parteizentrale. Wie in Trance taumelte die Gesellschaft auf den Bildern, die das Fernsehen zeigte: tanzende Derwische in Schlips und Kragen, mit Janker, Dirndl und Weste. Eine Ausnahme, die sich bajuwarischer Urwüchsigkeit verdankte, war das nicht. Auch bei den Verlierern, bei der abgewählten FDP, ging es hoch her. »Jetzt gerade«, schmetterte der Parteivorsitzende Philipp Rösler in Berlin und bekam dafür tosenden Beifall. Die Liberalen applaudierten, als wollten sie sich selbst betäuben. »Auf in den Kampf!« hatte Rainer Brüderle, der Fraktionsvorsitzende, schon zuvor gebrüllt. Überall, nach jeder Wahl, bei jedem Parteitag, unter schwarzen, roten, grünen oder gelben Flaggen, spielt sich inzwischen das Gleiche ab: Oben steht einer, der die Stimmung lautstark anheizt, während sie unten so lange johlen, bis keiner mehr einen klaren Gedanken fassen kann. Dazu soll es gar nicht erst kommen.

Seit jeher haben Politiker, wenn sie nicht weiter wussten, die Ekstase geschürt. Der Bauch lässt sich leichter manipulieren als der Kopf. Wer auf den Affekt setzen muss, um sich politisch zu behaupten, ist freilich auch schon am Ende seiner politischen Weisheit. Die Demokratie wird zur Farce, sobald sich das Handeln ihrer Repräsentanten in irrationaler Selbstbehauptung erschöpft. Wo sich die Politiker nur noch als Stimmungskanonen oder Gute-Laune-Bärchen präsentieren, kann sich keiner vom anderen absetzen. Die Wahl als Machtinstrument des Volkes erstarrt zum Ritual, sie verliert ihren Sinn. Warum soll der Bürger daran teilnehmen, wenn es keine Alternativen mehr gibt, alle etwa das Gleiche feilbieten. Soll er sich für irgendeine Partei entscheiden, sein Kreuzchen blind auf den Wahlzettel machen, nur um bei der Wahl gewesen zu sein? »Wer nicht dazu beiträgt, seine Repräsentanten auszuwählen«, sagt der frühere Ministerpräsident des Saarlandes und heutige Verfassungsrichter Peter Müller, habe »den Anspruch verwirkt, das Handeln der gewählten Repräsentanten kritisch zu hinterfragen.« Und wenn es nun keine Repräsentanten mehr gibt, die wir ruhigen Gewissens wählen könnten? Sollen wir die, die wir für unfähig halten, erst einmal in den Sattel heben, um ihnen dann zu sagen, dass sie nicht reiten können? Kommt es nur darauf an, die Existenzberechtigung des politischen Betriebs überhaupt zu bestätigen? Reden uns die Politiker deshalb ins Gewissen, als gute Demokraten an die Urne zu gehen? Läuft es dabei nicht abermals auf eine subtile Form des Wahlbetrugs hinaus? Haben wir nicht das Recht, das ganze Theater abzulehnen, indem wir nicht länger mitspielen? Könnte es nicht sein, dass es viele ablehnen, der fortgesetzten Ausplünderung der Demokratie durch die Par-

teien zuzustimmen? Über Jahrzehnte ist die Zahl der Nichtwähler zunehmend gestiegen. Die Andeutung einer statis-
tischen Trendwende bei der deutschen Bundestagswahl 2013
rührte unter anderem daher, dass es mit der AfD eine politische Kraft gab, der sich die bewussten Nichtwähler zuwen-
den konnten. An ihrer grundsätzlichen Haltung, der Ablehnung des etablierten Parteienbetriebs, dürfte sich wenig bis
nichts geändert haben; auch nicht in Österreich, wo die
Nichtwähler bereits bei den Nationalratswahlen 2008 die
zweitgrößte Gruppe aller Wahlberechtigten bildeten. 2013
stieg ihr Anteil nochmals, die Wahlbeteiligung sank auf magere 74,9 Prozent. Laut einer Umfrage, die die Wiener Tages-
zeitung *Der Standard* im Juli 2013 veröffentlichte, halten sich
die Nichtwähler keineswegs und anders als oftmals behauptet
für schlechte Demokraten oder politisch desinteressierte Zeit-
genossen. Das wollen ihnen nicht einmal die unterstellen, die
noch wählen gehen.

Das Ansehen der Nichtwähler hat sich deutlich verbessert;
sie werden als Demokraten ernst genommen. Und das umso
mehr, als es innerhalb des Parteienspektrums, in der politischen Parallelgesellschaft keine Opposition mehr gibt, von
der sich die Bürger etwas versprechen dürften. Wie auf dem
Theater sind die Schaukämpfe in der politischen Arena unserer Tage Vorführungen ein und desselben Ensembles – eine
»unglaubwürdige Inszenierung«, wie die *Frankfurter Rund-
schau* im August 2013 schrieb. Dass dabei bisweilen die Fet-
zen fliegen, steigert die Spannung, ohne den Zusammenhalt
der Truppe zu gefährden. Nur gemeinsam können sich alle
auf der Bühne behaupten. Die Parteien bilden einen Block, in
dem jeder das vertritt, wofür der andere mit ähnlichen Worten genauso eintritt, von der erneuerbaren Energie über die
Homo-Ehe, die Bildungsgerechtigkeit und die Kitaplätze bis

zur Abschaffung der Wehrpflicht. Selbst die alten Absprachen über die Aufteilung der Absatzgebiete nach den sozialen Milieus verlieren zunehmend an Bedeutung. Darum hat sich allen voran die sozialdemokratisch-grün-liberale-Christdemokratin Angela Merkel verdient gemacht. »Mir scheint«, schrieb der kolumbianische Politikwissenschaftler Eduardo Pastrana Buelvas, nachdem er den deutschen Wahlkampf 2013 beobachtet hatte, »mir scheint, dass Merkel die Politik ›entpolitisiert‹ und ein Bild der mütterlichen Beschützerin der Nation kreiert hat, die Deutschland vor den Übeln der Welt und der Globalisierung bewahren soll. Es überrascht mich zu beobachten, wie die Oppositionsparteien Bestandteil dieser Dynamik sind und den Spielregeln zu folgen scheinen.«

Unbefangen konstatierte der Gast, was wir gern übersehen. Die Kanzlerin hat das Land auf Linie gebracht. Die politische Sozialisation im kommunistischen Jugendverband der DDR ist ihr dabei ebenso zugutegekommen wie die Erziehung im sozialistischen Elternhaus. Der Vater war 1954, ein Jahr nach dem ostdeutschen Volksaufstand vom 17. Juni, mit der Familie vom Westen in den Osten übersiedelt, wo er als Pfarrer und bekennender DDR-Bürger für die »Kirche im Sozialismus« eintrat. Eine besondere Sensibilität für die bürgerliche Demokratie hat das Schicksal Angela Merkel nicht in die Wiege gelegt. Dass die Richtlinien der Partei »alternativlos« sind, verstand sich dort, wo sie aufwachsen musste, von selbst. »Die Partei, die Partei, die hat immer Recht«, sangen sie bei der FDJ. Was Angela Merkel, geborene Kasner, von den Genossen lernen konnte, war die demokratisch bemäntelte Durchsetzung der Parteidoktrin: Politik mit dem Zweck unbeschränkter Machtentfaltung. Diese Erfahrung hat ihr nachher den größten Vorteil verschafft. Sie hat sie davor bewahrt, sich in inhaltlichen Auseinandersetzungen zu verzetteln. Überzeugungen stehen ihr nicht im Wege. Auf den Streit der Meinungen lässt sie sich gar nicht erst ein. Ihre Sprache interpretierend, schreibt der Kritiker Fritz J. Raddatz: »Diese Politikerin ›spricht‹ überhaupt nicht. Sie will weder Kontakt noch gar Beziehungen … Ihre Rhetorik ist die der Verkündigung.« Über Standpunkte wird unter der Regentschaft von Angela Merkel nicht debattiert oder gestritten, sie werden verfügt. Nicht, dass das manche vor ihr nicht ebenso gern getan und versucht hätten. Niemand verstand sich auf das Aussitzen der Probleme besser als Helmut Kohl; wenn die anderen Gerhard Schröder mit ihrer Meinung auf die Nerven gingen, donnerte er das bekannte »Basta!« Nicht zu vergessen Konrad Adenauer, dessen Kanzlerschaft im Ruf einer autoritären Demokratie stand, dem aber auch die Grenzen gezeigt wurden. Als der *Spiegel* 1962 unter dem Vorwand, er habe Geheimnisverrat begannen, gestürmt und der Herausgeber Rudolf Augstein mit anderen verhaftet wurde, gingen Tausende zwischen Hamburg und München auf die Straße, damals.

Die Machtanmaßung ist eine Versuchung, der kaum ein Politiker widerstehen kann. Zur Tugend aber wurde sie erst von Angela Merkel erhoben. »Die Deutschen«, schrieb die *Welt am Sonntag* 2012, »sind beim Kunststück der schwebenden Kanzlerin zu Zuschauern geworden, einige staunend, einige bangend, aber keiner teilnehmend. Die demokratische Öffentlichkeit in der Bundesrepublik hat in den Merkel-Jahren immer stärker die Struktur eines Theaters angenommen.« Ohne sich viel um die demokratischen Ideale zu scheren, beeindruckt die Kanzlerin von der Bühne herunter – mit einer autoritären Herrschaft, die dann gern als mütterliche Strenge angesehen wird. Die Publizistin Gertrud Höhler spricht vom »krypto-autoritären System M.« Unter Angela Merkel hat die Partei an sich, der Block der Parteien, auch in der bürgerlichen Gesellschaft zu sich gefunden, mit überwältigender Zustimmung. 97,74 Prozent der 903 Parteitagsdelegierten wählten Angela Merkel im Dezember 2012 zu ihrer Anführerin. (Honecker hätte in seinen guten Zeiten nicht besser abschneiden können.) »Angie«, wie sie ihre Bewunderer nennen, hat aufgeräumt und Zucht in die Truppe gebracht. Außer Rand und Band bejubelten sie die »sehr geehrte Frau Vorsitzende, liebe Angela Merkel«. Erwachsene Frauen und Männer strahlten verzückt. Sie feierten die Vollendung der höfischen Demokratie. Und hätte sich Angela Merkel seinerzeit, nach der Wende, nicht für die CDU, sondern die SPD entschieden, würde sie vermutlich genauso gefeiert. Gibt es doch so schon viele Genossen, auch Liberale und Grüne, die ihr die ewige Kanzlerschaft wünschen. Die Verehrung gilt einer Frau, die anpackte, wozu ihren bürgerlichen Kollegen bisher das letzte Quäntchen Mut fehlte, weil sie noch andere Töne im Ohr hatten, etwa die Stimme des großen Liberalen Ralf Dahrendorf. Der hatte einmal gesagt, dass in der Demokratie »niemand seine Antwort zum Dogma erheben« dürfe, weil »jede Antwort auch falsch sein könnte«.

Dieser Rationalismus begrenzte den Herrschaftsanspruch der Parteien von vornherein. Er verdankte sich dem aufklärerischen Denken, als dessen politische Verwirklichung die Demokratie in der bürgerlichen Gesellschaft verstanden werden sollte. Nicht der Stand, kein angeborener oder durch das Vermögen begründeter Vorrang, einzig das vernünftige Argument, die Überzeugung des Bürgers mit guten Gründen, sollte seine Vertreter legitimieren, im Interesse des Volkes zu handeln. Welcher Politiker wollte sich heute noch auf diese intellektuelle Ochsentour einlassen, wer hätte noch das Zeug dazu. Das Verfahren ist passé, ersetzt durch die Methode »Merkel«, eine Übertragung des ontologischen Gottesbeweises auf die politische Gegenwart. So wie Gott für die Scholastiker des Mittelalters stets Gott sein muss, weil er Gott ist, ist die Kanzlerin zur Kanzlerin berufen, weil sie Kanzlerin ist. Da genügt es dann auch, dass sie egal zu welchem Problem erklärt, »wir werden einen Weg finden«. Genauer muss sie nicht werden. Aus ihrer Stellung ergibt sich die Zuverlässigkeit zwangsläufig. Nur daran sollen die Menschen noch glauben. Das ist, kurz zusammengefasst, das simple Kalkül der personalisierten Politik, der personenorientierten Wahlkämpfe insbesondere. Wo sich die Politiker nur noch damit empfehlen können, dass sie eben Politiker sind, erheben sie den Anspruch, nicht aufgrund besonderer Leistungen, Konzepte oder Botschaften, sondern als Vertreter ihres Standes gewählt zu werden, genauso wie in den vordemokratischen Epochen. Der Kernsatz des politischen Ethos in der Demokratie – »Zuerst das Land, danach die Partei und dann die Person« – erweist sich als hohle Phrase. Jedes Wahlplakat, auf dem nichts als ein lächelnder Politiker neben dem Logo seiner Partei zu sehen ist, verkehrt die Abfolge in ihr Gegenteil.

Mit dem Personenkult erlebt die bürgerliche Gesellschaft ihren historischen Rückfall, die Regression in absolutistische Verhältnisse. Als habe es die Aufklärung, »den Ausgang des Menschen aus seiner selbstverschuldeten Unmündigkeit«, wie Immanuel Kant 1783 schrieb, nie gegeben, werden die Bürger geführt, versorgt und überwacht. Alles zu ihrem Besten, was sonst. Und in der Tat mag es der Sicherheit aller zuträglich sein, wenn die politisch gelenkten Geheimdienste das Internet anzapfen, um terroristischen Aktivitäten vorzubeugen. Nur gibt es keinen Grund, dies hinter unserem Rücken zu tun, auch nicht unter Berufung auf ein »Supergrundrecht auf Sicherheit«, wie es sich der deutsche Innenminister Hans-Peter Friedrich zur Selbstverteidigung erfunden hat. Weder sind wir allesamt potentielle Attentäter, noch sind wir zu unbedarft, selbst zu entscheiden, ob uns die Sicherheit so viel wert ist, dass wir uns dafür ausspionieren lassen. Allein, die Politik will uns diesen klaren Verstand nicht mehr zuzutrauen. Für sie sind wir, so der Zeitdiagnostiker Karl Heinz Bohrer, zur »Banalfigur Mensch« geworden, zu Objekten des politischen Aktivismus, zum Spielmaterial der Hochstapler: Wieder ein Kapitel für sich. Wir werden uns darin mit einem beispiellosen Kapitalverbrechen zu befassen haben, mit dem Euro-Kartell und mit Großmachtplänen, die keinen Raum lassen für die Demokratie.

Europa über alles
Die Entfaltung der marktkonformen Demokratie

Sobald es um den Euro geht, beginnt der Eiertanz. Jeder versucht ihm etwas abzugewinnen, so zu tun, als ob ihm die Währung grundsätzlich oder für die Zukunft, ja und überhaupt doch irgendwie am Herzen liege, um dann untertänig den einen oder anderen Einwand vorzubringen, nicht ohne sich abschließend nochmals vor der großen Idee zu verneigen. Das alles wollen wir uns ersparen, den ganzen Schmus von den wirtschaftlichen Vorteilen der Einheitswährung, von ihrer friedensstiftenden Kraft und der historischen Notwendigkeit des Euro. Um nicht im Sumpf dieser öffentlich-rechtlichen Political Correctness zu versinken, wollen wir uns auf das besinnen, was die Engländer *common sense* nennen, den gesunden Menschenverstand. Kein geringer als der Aufklärer Thomas Paine (1736 bis 1809), einer der Gründungsväter der Vereinigten Staaten von Amerika, hat den Begriff geprägt. Er diente ihm als Titel einer Flugschrift, in der er 1776 die englische Amerikapolitik als demagogische Propaganda der Kolonialmacht entzauberte. Das Pamphlet fand reißenden Absatz. Es steckte im Tornister der Aufständischen, als sie die Briten im amerikanischen Unabhängigkeitskrieg besiegten. Damit, dass er das Volk ermutigte, dem eigenen Verstand zu trauen, hatte Thomas Paine das politische Establishment vorgeführt. Aus den Herrschern wurden Papiertiger. »Der Common sense«, schreibt Hans Magnus Enzensberger in einem seiner »Zehn-Minuten-Essays«, »verhält sich wie das Kind in Andersens Fabel von des Kaisers neuen Kleidern. Er punktiert jeden Dünkel und lässt aus dem Aufgeblasenen die Luft entweichen.« Was Wunder also, dass die Politiker keine Gelegenheit auslassen, den gesunden Menschenverstand als die gefährliche Einmischung von Dumpfbacken, Populisten und Stammtischbrüdern abzutun. Nach der Methode »Haltet den Dieb!« wird denen, von denen man sich ertappt fühlt, die Schuld in die Schuhe geschoben. Weil sie sich vor ihm fürchtet wie der Teufel vor dem Weihwasser, versucht die politische Klasse, den Common sense mit Versprechen, Lügen oder Verheißungen einzuschläfern und öfter noch mit Verleumdung einzuschüchtern. Wir könnten uns doch freuen, heißt es dann gern. Die Verhältnisse wären ja so schlecht gar nicht, wir müssten nur endlich aufhören, sie schlecht zu reden: die alte Leier.

Die Phrasen sind das Material jeglicher Propaganda. Und wo sich das Blaue nicht mehr vom Himmel herunter versprechen lässt, können die Worte nicht groß genug sein, um an das Gewissen der Untertanen zu appellieren. Die Deutschen müssten auf Gedeih und Verderb zu dem politisch gewollten Euro stehen, um »die moralische Hypothek aus den beiden Weltkriegen und dem Holocaust« abzutragen, erklärte Peer Steinbrück am 24. Mai 2013 in der *Frankfurter Allgemeinen Zeitung*. Argumentativ pfiff der Mann damals schon aus dem letzten Loch. Was sollte er auch sagen angesichts der Tatsachen, die mit halbwegs gesundem Menschenverstand wahrzunehmen sind. Statt den ewigen Frieden zu stiften, von dem Helmut Kohl – seit 1998 »Ehrenbürger Europas« – ehrlichen Herzens geträumt haben mag, hat der Euro Misstrauen, wenn nicht gar Hass zwischen den Völkern des Kontinents gestiftet. Der Süden steht gegen den Norden. Die Deutschen halten die Griechen für liederliche Müßiggänger, während die Griechen befürchten, die Deutschen wollten sie abermals ihrer Souveränität berauben, diesmal unter dem Vorwand der Austeritätspolitik. Auch in Italien, in Spanien und anderen Südländern beginnt diese Sorge europäischen Unfrieden zu schüren. Alte Vorurteile leben unverhofft auf; sie vergiften die Atmosphäre international. Jeder sieht sich in der Rolle des Verlierers in einem Spiel, bei dem es doch nur Gewinner geben sollte. Waren vor der Euro-Krise weniger als zwölf Millionen Menschen im gesamten Euro-Raum erwerbslos, so sind es inzwischen, 2013, fast 19 Millionen. In Frankreich hat die Arbeitslosenquote mit mehr als elf Prozent den höchsten Stand seit 15 Jahren erreicht. Noch wesentlich höher liegen die Zahlen der Jugendarbeitslosigkeit, in Spanien bei über 55, im europäischen Durchschnitt bei mehr als 23 Prozent. Dass es den Deutschen bisher vergleichsweise gut geht, die Arbeitslosigkeit hierzulande kein akutes Problem ist, tröstet wenig, bedenkt man die Milliarden, mit denen wir für den absehbaren Bankrott anderer Volkswirtschaften, nicht nur der griechischen, in Haft genommen werden. Auf über neun Billionen addieren sich die Schulden der Euro-Länder mittlerweile; der Betrag übersteigt die Wirtschaftsleistung um einhundert Prozent. Und die Schere wird sich weiter öffnen, die Schulden steigen.

Wollten wir die Zahlen mit allen Nullen, die dahinter stehen, ausschreiben, langte kaum noch eine Zeile dieses Buches. Man müsste schon Mathematiker sein, um die Summen mit einer bildlichen Vorstellung zu verbinden. Sie nachzurechnen wäre ein müßiges Unterfangen. Obergrenzen, die eben erst gezogen wurden, werden wenig später ohne viel Federlesens überschritten, weil angeblich nur so verhindert werden kann, dass wir immer tiefer in den Bankrott geraten. Dabei steht uns das Wasser bis zum Hals. Rund zwei Billionen Euro verzeichnet die deutsche Buchführung 2013 in der Rubrik Altschulden; obendrauf kommen weitere vier Billionen, die ungedeckten Ansprüche der Nachkommen, Forderungen aus den Renten- und Pensionszusagen unter anderem. Macht alles in allem knappe sechs Billionen (genau 5 900 000 000 000), mit denen der Staat in der Kreide steht. Rücklagen gibt es nicht, nicht in den öffentlichen Kassen. Der gesamte Bundeshaushalt eines Jahres würde gerade noch ausreichen, knapp die Hälfte der nominell vorhandenen Spareinlagen der Bürger abzusichern. Wenn sie im Fall der Fälle die zugesicherte Auszahlung ihrer Vermögen verlangten, müsste der Staat seinen Geschäftsbetrieb augenblicklich einstellen. Das Kartenhaus fiele über uns zusammen.

Für die Politik indes ist das nicht sonderlich beunruhigend. Schulden spielen in ihrer Vorstellungswelt keine Rolle. Um den Schlaf bringen sollten sie niemanden, »weil die Vorstellung, dass irgendein europäisches Land zahlungsunfähig wird, unrealistisch ist«. So die Auskunft des deutschen Finanzministers Wolfgang Schäuble in einem Interview, das die *Welt am Sonntag* am 24. März 2013 veröffentlichte und in dem weiter zu lesen steht: »In Deutschland gibt es die Sicherungssysteme der Banken für den nirgendwo erkennbaren Fall, dass eine Bank ins Straucheln gerät, und in dem äußerst unwahrscheinlichen Fall, dass diese Sicherungssysteme Probleme hätten, würde der Bundeshaushalt einspringen.« Der Finanzminister genießt die Gnade der Vergesslichkeit. Weder scheint er sich an die wankenden Türme der Commerzbank zu erinnern noch an die leeren Kassen der Münchener Hypo Real Estate. Um die Institute vor dem Untergang zu bewahren, musste der Staat Milliarden zuschießen, die er sich bei anderen borgte. Womit, um alles in der Welt, sollte der Bundeshaushalt, bis an die Halskrause verschuldet, bei einer nächsten Pleite »einspringen«? Allein, der Politiker verliert sich nicht gern im Detail. Ehe er sich von den Zahlen beirren lässt, pfeift er lieber auf die Bilanz. Dass er sich bisweilen um die eine oder andere Milliarde verhauen kann, ist bekannt. Von der Wirtschaft hat Wolfgang Schäuble »nicht viel Ahnung«, sagt Hans-Olaf Henkel, selbst ein gestandener Wirtschaftsmann. Nichtsdestotrotz war der Minister mit wechselndem Portefeuille immer ein politisches Schwergewicht. Die Nonchalance, mit der er die Verschuldung als Bedrohung der europäischen Zukunft beiseite wischt, verdankt sich nicht der Einfalt, die man noch dem zum Finanzminister aufgestiegenen Deutschlehrer Hans Eichel zugutehalten mochte. Schäuble handelt nicht kopflos, er weiß, was er tut. Was aber war es, das ihn wie andere Politiker, christliche und soziale Demokraten, Grüne und Liberale, von Kohl über Schröder bis zu Fischer und Genscher, angetrieben hat, sich auf das Euro-Abenteuer einzulassen, auf ein Vabanquespiel, das als die größte Vernichtung von Volksvermögen in die europäische Geschichte eingehen wird und als Kapitalverbrechen angesehen würde, wäre es nicht politisch verursacht? Weshalb sind so viele Politiker in diesem beispiellosen Fall zu Tätern geworden? Weshalb ziehen sie nicht die Notbremse und verpulvern weiter Milliarden um Milliarden für ein, rein wirtschaftlich betrachtet, gescheitertes Unternehmen? »Etliche Rettungsmaßnahmen in der Euro-Krise kommen einer Konkursverschleppung gleich, durch die Staaten und Menschen entmündigt und in eine generationenübergreifende Schuldknechtschaft geführt werden«, schreibt der Jurist Wolfgang Hetzer in seinem Buch über den »Angriff auf den sozialen Frieden in Europa«. Warum wird das gute Auskommen der Nationen so mutwillig gefährdet, dass manche schon glauben, es drohe ein »europäische Bürgerkrieg«? Was treibt die Politiker an? Was sind ihre Motive?

Von Helmut Kohl, dem Kanzler der Einheit, wissen wir, dass ihm das Große stets am Herzen lag. Als Historiker kannte er die Geschichte und ihre Helden. Wie man in die Annalen eingeht, hat er studiert. Für den Tatmenschen war die historische Ausbildung Anleitung zum Handeln. Er wollte selbst Geschichte schreiben; und mit der deutschen Wiedervereinigung, die es ohne ihn so nicht gegeben hätte, ist ihm das großartig gelungen. Genug war es ihm nicht, eher schon Ansporn. Bestätigt hatte sich, was er von seinen Lehrmeistern, insbesondere von Otto von Bismarck, abschauen konnte: Wenn der Politiker freie Hand zu historischer Gestaltung gewinnen will, muss er ins Weite ausgreifen. Auf der lokalen Ebene, an der Basis, da, wo die Leute noch mitreden können, weil sie die Verhältnisse überschauen, bleibt die politische Selbstverwirklichung immer Stückwerk. Auf den höheren Ebenen dagegen wird die Luft dünner. Da sind Spielzüge möglich, bei denen sich Krethi und Plethi, Kreter und Philister, nicht mausig machen können; da kann sich die Politik freischwimmen, was vielfach mit guter Absicht geschieht, mit Gründen, die aller Ehren wert sind. Weil er als junger Mann noch den Zweiten Weltkrieg erlebt hatte, wollte Helmut Kohl das wiedervereinte Deutschland in ein vereintes Europa einbetten. Wenn sie erst eine gemeinsame Währung hätten, so das Kalkül, würden die Europäer nie mehr aufeinander losgehen. Das war das, was er sich und der Welt vormachte. Dieser Glaube wog schwerer als die Forderung seines Freundes François Mitterrand, von dem es nachher hieß, er habe der Wiedervereinigung nur unter der Voraussetzung zugestimmt, dass die Deutschen ihre starke Mark zugunsten einer europäischen Einheitswährung aufgäben. Tatsächlich sollten nach dem 3. Oktober 1990, dem Tag der Wiedervereinigung, noch mehr als neun Jahre bis zur Einführung des Euro am 1. Januar 2002 vergehen. Zeit genug, die Kohlsche Zusage an Mitterrand, wäre sie der entscheidende Grund für die Euro-Einführung gewesen, diplomatisch zu revidieren, nachdem sich die Befürchtungen hinsichtlich eines deutschen Vormachtanspruchs fürs Erste als grundlos erwiesen hatten. Ganz abgesehen davon, dass die Währungshüter, allen voran der Deutsche Karl Otto Pöhl, nachdrücklich vor dem Euro-Experiment warnten.

Sie drangen jedoch nicht durch. Die währungstechnischen Einwände, resultierend aus der differierenden Leistungsfähigkeit der beteiligten Volkswirtschaften, wurden mit Versprechen, die den Wünschen entsprachen, abgewiesen. Die Politiker aller Parteien und Länder hatten einen Gestaltungsraum entdeckt, den sie sich nicht wieder nehmen lassen wollten. Bis heute verschanzen sie sich darin gegen alle fiskalische Vernunft. Erinnert sei nur an die Ignoranz, mit der sich Hans Eichel, deutscher Finanzminister von 1999 bis 2005, in den ersten Jahren über den Common sense der Bürger hinwegsetzte, wenn er die Teuerung, die jedermann nach der Einführung des Euro beim täglichen Einkauf, im Restaurant und auf Reisen erlebte, in das Reich böswilliger Phantasie verwies. Unverdrossen faselte der erste Präsident der Europäischen Zentralbank, Wim Duisenberg, von der »Preisstabilität« im Euro-Raum. Von den national angehäuften Schuldenbergen sollte länger keine Rede sein, sie versanken gleichsam im schwarzen Loch der Währungsunion. Auf dem weiten Feld Europas relativierten sich die häuslichen Probleme wie von selbst. Das große Ganze verlangte einen Einsatz, der es geradezu verbot, sich weiter im Klein-Klein deutscher, österreichischer, italienischer, griechischer oder französischer Sorgen zu verzetteln. Das alles würde sich, sollten wir glauben, wie nebenher erledigen, wenn man nur auf den Euro vertraute.

Um den Problemen daheim zu entkommen, hatten die Politiker die Flucht nach vorn, nach Europa angetreten. Sie sind die Gewinner des Euro-Experiments: die Einzigen, die ein Motiv haben, über die Grenzen des Erlaubten hinaus mit den

Vermögen ihrer Länder zu spekulieren. Vergessen wurden die hehren Beweggründe des europäischen Aufbruchs, obsiegt haben die geschäftlichen Interessen des politischen Betriebs. Wie die Broker an den Börsen das Geld der Anleger zum Vorteil der Banken verbrannten, so verspielen die Politiker im Euro-Poker die Rücklagen der Bürger nicht primär, um sich persönlich zu bereichern, sondern um das betriebliche Wachstum der Politik zu befeuern. Dass sie damit zugleich das Grundkapital der Demokratie, das Vertrauen der Bürger in die Politik, verspielen, dürfte vielen noch nicht einmal aufgefallen sein. Über Angela Merkel sagte der Investor George Soros, einer der reichsten Männer der Welt, bei einem Besuch in Frankfurt 2013: »Sie hat nicht verstanden, dass der Euro die Europäische Union zerstören könnte. Und dass es wichtiger ist, die Europäische Union zu erhalten als den Euro.« Auch der schwedische Schriftsteller Henning Mankell hat deshalb schon in den neunziger Jahren des vorigen Jahrhunderts gegen die Einführung des Euro gestimmt. Nach wie vor, erklärte er Anfang 2013, sei er »froh darüber, dass Schweden kein Euro-Land ist«. Ihm habe »die Idee des von Politikern gemachten Systems Europa nie gefallen«. Damit steht er den Europäern näher als die Politiker, die für den Kontinent sprechen wollen. Laut einer Umfrage des renommierten Pew Research Center in Washington votierten 2013 nur noch 45 Prozent der EU-Bürger für den Euro. So wie das Misstrauen auf der einen Seite wächst, versteift sich aber zugleich auch die Politik auf der anderen.

Während die Volkswirtschaften draufzahlen – in Frankreich ist die Industrieproduktion seit 2007 um 25, in Spanien gar um dreißig Prozent zurückgegangen –, trägt die Politik »den Euro als Dogma vor sich her wie der Vatikan den Zölibat«, kritisierte der Schweizer Vermögensberater Felix Zulauf, nachdem wieder einmal ein neuer Rettungsschirm aufgespannt worden war. Fachleute wie er wissen, dass die Rechnung nie aufgehen kann, nicht für die, die die Zeche zahlen müssen. Alle Erfolge, an die wir glauben sollen, sind erstunken und erlogen. So fehlt beispielsweise der Behauptung, die deutsche Exportwirtschaft habe kräftig vom Euro profitiert, schlichtweg die sachliche Begründung. Tatsächlich ist der Anteil der Ausfuhren in die Länder der Euro-Zone nicht gestiegen, sondern zurückgegangen – von 46,6 Prozent im Jahr 2007 auf 37,5 Prozent 2012. Nimmt man nur die Länder Südeuropas, so sind die Exporte sogar um 25 Prozent eingebrochen. Ihr Anteil an den deutschen Ausfuhren beträgt gerade noch 12,5 Prozent. Kommt hinzu, dass das, was in die Euro-Länder geliefert wird – Autos, Maschinen, Anlagen, Chemieprodukte –, überwiegend mit Krediten bezahlt wird, für die wiederum der deutsche Staat, also der Steuerzahler, bürgt. Das heißt: Bei einem Schuldenschnitt, der Abschreibung der Kredite, wie sie inzwischen sogar der Finanzminister vorsorglich prophezeit, müssen wir unsere Verkäufe auch noch selbst bezahlen. Zu den Produktionskosten summiert sich die Handelsspanne, der Profit der Konzerne. Wär es da nicht einfacher, auch effektiver, gleich gar nichts mehr zu tun und die Tage im Dolcefarniente zu verdösen? Wer spekuliert hier auf unsere Kosten?

Nein, eine Erfolgsgeschichte ist der Euro weder für die Länder, die wie Griechenland oder Zypern bereits am Boden liegen, noch für die, die sich wie Deutschland und Österreich in dem Glauben eines Vermögens wiegen, das schon vielfach verpfändet ist. Bis zum Sankt Nimmerleinstag werden kommende Generationen die Schulden dieser betrügerischen Insolvenz abtragen müssen. Dabei wäre der Bankrott durchaus vermeidbar gewesen. »Gute Kenntnisse in Wirtschaftsgeschichte« hätten genügt, das Schlimmste abzuwenden, so noch einmal der Schweizer Felix Zulauf. »Die Politiker haben sich«, versucht er weiter zu erklären, »bei der Einführung des Euro einer großen Phantasterei hingegeben.« Aus der Sicht des Ökonomen mag das so sein, aber hat er damit den Nagel auf den Kopf getroffen? Lag es je im ureigenen Interesse der Politik, wirtschaftliche Vernunft walten zu lassen? Es gibt gute Gründe, das zu bezweifeln. Wir müssen uns nur kurz an das im vorherigen Kapitel Dargestellte erinnern und wieder an die Unvereinbarkeit von handelnder Politik und Demokratie denken, um noch zu anderen, weniger harmlosen Schlüssen zu kommen.

Auffällig ist da zunächst der Schulterschluss der politischen Klasse bei der Verteidigung des Euro. Allen gilt er gleichermaßen als ein erster Schritt hin zur politischen Neuordnung des Kontinents. Dass diese Einheit nicht, jedenfalls nicht mehr durch den wirtschaftlichen Erfolg veranlasst sein kann, ließe sich noch ausführlicher darstellen, als wir es getan haben. Es liegt auf der Hand, die Krise ist nicht zu leugnen. Auch auf eine Festigung des inneren Friedens kann sich nur noch berufen, wer die Augen vor der Realität verschließt. Es sei denn, man setzt auf eine autoritäre Führung, darauf, dass sich die nationalen Eliten zu einem Herrschaftskartell verbinden, das die Völker ihrer Selbstbestimmung beraubt, womit wir bei der zentralen Frage wären. »Es geht darum«, so Wilhelm Hankel, Chefvolkswirt der Kreditanstalt für Wiederaufbau (KfW) und Präsident der Hessischen Landesbank in besseren Tagen, »ob Europa ein Bund unabhängiger europäischer Staaten bleibt oder eine Sowjetunion light wird mit Kommissaren und Räten«. Also ein zentralistisches System, in dem die Blütenträume des politischen Kartells ausreifen würden. Denn je größer die Einheiten sind, desto entfesselter kann die Politik schalten und walten, wenigstens vorübergehend. Das war unter Karl dem Großen nicht anders als unter dem Habsburger Franz Joseph. Mit diesem Kalkül schuf der Bolschewismus die Sowjetunion und Tito sein Jugoslawien nach 1945. Mit der Ausdehnung ihrer Herrschaftsgebiete gewinnt die Politik den Gestaltungsraum, den sie für ihre Selbstverwirklichung benötigt.

Man mag darin, ist das Geschehen erst historisch entrückt, das Genie der Cäsaren und Konsuln erkennen oder es als den Größenwahn durchgeknallter Psychopathen verteufeln, der Hang zur Expansion wurzelt im Wesen der Politik. Deshalb muss der Bürger sein politisches Personal an der kurzen Leine führen. Andernfalls hat er schnell das Nachsehen. Denn wo immer sich die Möglichkeit bietet, auf Ebenen zu gelangen, die der Kontrolle des Jedermann entzogen sind, werden die Politiker sie ergreifen, um sich freier entfalten zu können. Ob sie das mit brutaler Absicht tun oder in der Überzeugung, ihre Pflicht zu erfüllen, ändert am Ende nichts daran, dass sie sich von der demokratischen Basis entfernen. Das allein gilt es rechtzeitig und nüchtern zu erkennen, ohne moralische Erregung.

Natürlich will keiner, der heute nach der politischen Einheit Europas strebt, wenn er nicht bereits von den Vereinigten Staaten von Europa spricht, eine europäische Diktatur errichten. Das würde niemandem einfallen, solange er seine fünf Sinne halbwegs beisammen hat. Wohl aber fehlt es nicht an Belegen dafür, dass die Versuchung groß ist, im Namen Europas die Spielregeln der Demokratie zu missachten. Wäre es nach der Regierung unter Angela Merkel gegangen, hätte sie milliardenschwere Euro-Rettungsmaßnahmen beschlossen, ohne sich vorher vom Parlament dazu ermächtigen zu lassen. Mit Verweis auf den zeitlichen Druck und die Verantwortung für Europa wäre der Bundestags seines vornehmsten Rechts, der Bestimmung über den Haushalt, beraubt worden. Nur eine Klage konnte das schließlich verhindern und wenigstens für eine formale Einhaltung des Rechtsweges sorgen. Zu den Klageführern zählte neben Einzelpersonen wie dem Münchner Anwalt Peter Gauweiler ein Verein, der sich »Mehr Demokratie« nennt und den immerhin mehr als 23 000 Bürger unterstützten. Über eine Volksabstimmung, wie sie sich viele in Sachen Euro wünschten, haben die handelnden Politiker aber stets wie über eine Kröte gesprochen, die sie im Notfall schlucken würden. Martin Schulz, der sozialdemokratische Präsident des Europaparlaments, »fürchtet«, so berichtete *Spiegel online* im Oktober 2013, als es wieder einmal um europäische Vertragsveränderungen ging, dass das »zu viel Zeit kostet und die Gefahr birgt, dass in dem einen oder anderen Land sogar (!) eine Volksabstimmung fällig wird – die bei der derzeitigen Stimmung nicht zu gewinnen ist«.

Nur zu gut weiß die politische Klasse, was ihr das Euro-vereinigte Europa bietet: die einmalige Chance zum Aufbau einer zentralistisch organisierten Herrschaft. Ist sie erst einmal geschaffen, sind ihre Verwalter erstens unentbehrlich und zweitens der Wirklichkeit so weit enthoben, dass ihnen niemand mehr auf die Finger sehen kann. Wer als Kommissar französischer, italienischer, bulgarischer oder deutscher Herkunft in Brüssel regiert, muss nicht fürchten, dass ein Bauer in Litauen, in Spanien oder in der Slowakei noch versteht, was er über seinen Kopf hinweg entscheidet, ihm die schönsten Pläne womöglich mit unqualifiziertem Einspruch durchkreuzt werden könnten. Weil sie nicht mehr möglich ist, erübrigt sich die Verständigung von vornherein. Die Politik schwebt im freien Raum, sie wird zum Glasperlenspiel einer berufenen Elite, die Sache eines Ordens, der seine Projekte so gestaltet, wie es die eigenen Regeln verlangen: Europa als politisches Experiment. Wolfgang Schäuble nannte das im Gespräch mit dem *Spiegel* vom 25. Juni 2012 »einen hochspannenden Versuch«. Die Zahl der Versuchskaninchen, die dafür zur Verfügung stehen, ist mit der Einwohnerzahl des Euro-Raumes identisch; am 1. Januar 2013 waren das 331 125 862 Menschen. Wann hätten die Politiker in der christlich-abendländischen Geschichte ein größeres Imperium führen können? Die Donaumonarchie, das Habsburgerreich, in dem die Sonne nie unterging, brachte es 1910 gerade auf 51 356 465 Untertanen.

Mit ausgeschmückter Phantasie, mit dem Versprechen des großen Friedens und der Verheißung einer europäischen Wirtschaftsmacht, die es mit Asien und Amerika aufnehmen werde, haben sich die Politiker das Mandat zur Schaffung eines Großreiches erschlichen, in dem die Demokratie zum Chaos führen würde. Um der Vielfalt der Völker und ihrer widerstreitenden Interessen Herr zu werden, bedarf es einer übergreifenden Führung. Von der Schaffung supranationaler Strukturen und »postdemokratischen« Verhältnissen ist allenthalben die Rede; die Parole lautet »Politiker aller Länder vereinigt euch!« Brüssel, der Hauptsitz der europäischen Exekutive und Legislative, ist die neue Kaiserpfalz. Instrumente wie der ESM, der Europäische Stabilitätsmechanismus, ermächtigen die Bürokratie, die sie geschaffen haben. Deutschland bürgt dafür mit 190 Milliarden Euro, wovon 27 bereits eingezahlt sind. Weil das Land kleiner ist, kommt Österreich günstiger davon. Es musste bisher nur 2,7 Milliarden berappen und für insgesamt 19,4 geradestehen. Dass es dabei bleiben könnte, wagt schon lange niemand mehr zu hoffen. Mit dem ESM, sagt Hans-Werner Sinn, der Präsident des Münchener ifo-Instituts für Wirtschaftsforschung, »sind wir auf die schiefe Bahn der

Sozialisierung der Staatsschulden« geraten. Dieser »Stabilitätsmechanismus« gleicht einem Ermächtigungsgesetz, das der Politik weitgehend freie Hand gibt. Es erlaubt die europäische Sozialisierung nationaler Staatsschulden und damit die Festigung eines politischen Kartells, das von der Schutzgelderpressung lebt: von der Behauptung, dass die Gesellschaft ohne sein bloßes Dasein wirtschaftlich ruiniert wäre. Die Umsetzung politisch ersonnener Projekte wird den Bürgern als Pflicht auferlegt. Das Vermögen, das sie erwirtschaften, fließt in Projekte, die der politischen Selbstrechtfertigung dienen. Der Aktionismus der Energiewende hat allein die Steuerzahler in Hessen mehr als 150 Millionen Euro gekostet, ohne dass uns das politische Gewusel auf eine Insel der Seligen, frei von atomarer Bedrohung, versetzt hätte, da Reaktoren für die Zeiten, in denen sich die Windräder nicht drehen, in Reserve gehalten werden müssen, sofern sie nicht durch rauchende Kohlekraftwerke ersetzt werden. Geht aber alles gut, blasen die Winde, und die Sonne strahlt vom Himmel, dann kommt mehr Strom auf den Markt, als sich zu tragbaren Preisen absetzen lässt. An manchen Tagen haben die Deutschen ihren Strom bereits ans Ausland verschenken müssen – einen Ökostrom, dessen Produktion die privaten Verbraucher mit der staatlich verordneten »Energieumlage« subventionieren: sechs Cent pro Kilowattstunde, zuzüglich Mehrwertsteuer. Für manche ein guter Handel. Österreich zum Beispiel füllt mit der geschenkten Energie die Hochbecken seiner Pumpspeicherkraftwerke. Werden sie später wieder abgelassen, erzeugt das den Strom, der sich in den Spitzenzeiten lukrativ an Deutschland zurückverkaufen lässt.

The show must go on, auf dem nationalen wie auf dem internationalen Parkett. Mit der Dramatik der Inszenierung erweitern sich die Freiräume der Politik unversehens. Für ihre

Schutzversprechen bekommt sie Carte blanche. Indem es die Gefahren, die es zu bannen verspricht, heraufbeschwört, entfaltet sich das Kartell weiter und weiter. Die Preisgabe der Demokratie ist kein Kollateralschaden, den es im Interesse eines supranational vereinten Europa in Kauf zu nehmen gilt, sondern der eigentliche Zweck der Veranstaltung. Machtpolitisches Kalkül verführt die Zocker aller Parteien zu immer höheren Einsätzen, zu materiellen und zu ideellen nicht zuletzt. Dazu noch einmal Hans-Olaf Henkel mit der Klarsicht des Ökonomen. »Alle deutschen Politiker«, schreibt er in seinem Buch über »Die Euro-Lügner«, »scheinen sich danach zu sehnen, das, was die Deutschen von anderen Europäern unterscheidet, aufzugeben. Wie sie ohne Not die D-Mark aufgegeben haben. Man würde um Europas willen die eigene Verfassung, das eigene Parlament, die eigene Regierung beiseiteschieben, um sich zur Gänze der neuen Zentralregierung, dem Brüsseler Politbüro, zu unterwerfen. Zur Not ließe man sich sogar die deutsche Sprache abhandeln.«

Da es nicht mehr um die Verständigung mit den Völkern geht, sondern um den Zusammenschluss einer politischen Elite, sind die Technokraten der Macht sogar gezwungen, ihre kulturelle Identität zu verleugnen und sich in einem Idiom jenseits der Muttersprachen zu verständigen. Andernfalls erginge es ihnen wie den Hochmütigen beim Turmbau zu Babel. Die privaten Interessen müssen, wenn man so will, hinter denen des politischen Kartells zurückstehen. Und so gesehen schwingt in der Drohung Angela Merkels – »Scheitert der Euro, dann scheitert Europa« – ein geradezu flehentlicher Unterton mit. Dass das auf eine Vernichtung von Volksvermögen zu den eigennützigen Zwecken des politischen Betriebs hinausläuft, ist die Kehrseite der glänzenden Euro-Münze: ein Kapitalvergehen und die Liquidation der freiheitlich-demokratischen Gesellschaft zugleich. Einer, der der spießbürgerlichen Kleingeistigkeit nun gewiss unverdächtig ist, der Gründer und Geschäftsführer der Verbraucherschutzorganisation Foodwatch, Thilo Bode, legte schon 2012 den Finger in die Wunde, als er im Zusammenhang mit der Euro-Krise schrieb: »Die Demokratie ist bei der Lösung des wichtigsten politischen Problems der Gegenwart außer Kraft gesetzt. Denn es gibt nichts mehr zu wählen. Wahltaktik und Machtpolitik verhindern die Wahl zwischen Alternativen. Der Bürger wird nicht nur enteignet, er wird auch noch entmachtet.«

Wo sich die Wahl zwischen den Lagern erübrigt, weil alle in die gleiche Richtung marschieren, ist die Gesellschaft der Politik ausgeliefert. Unter den demokratisch bemäntelten Diktaturen des Ostblocks verstand sich das von selbst. Dass sich jetzt ganz Ähnliches auch im demokratisch erfahrenen Westen abzeichnet, da, wo man sich wie in der alten Bundesrepublik einiges auf den politischen Pluralismus der letzten Jahrzehnte zu Gute hält, zeigt, wie weit sich die politische Klasse bereits verselbständigt hat. Einerseits sind die Parteien den Milieus, denen sie entstammen, weitgehend entwachsen. Die Sozialdemokraten sind bürgerlich, die Bürgerlichen sozialdemokratisch geworden. Andererseits sind mit der Kommerzialisierung der Politik die übergreifenden Interessen der Parteien in den Vordergrund gerückt, während gleichzeitig das Misstrauen gegenüber dem Bürger gewachsen ist. Er wird immer öfter als Störenfried empfunden. Wo sie die eigenen Pläne gefährden könnten, werden Probleme deshalb kaschiert oder verschwiegen. »Das ist«, schrieb der *Spiegel* im Dezember 2012, »der Vorteil der Merkel-Methode. Hätte sie vor anderthalb Jahren verkündet, dass die Deutschen inzwischen mit 400 Milliarden Euro für Europa haften und damit deutlich mehr als mit einem kompletten Bundeshaushalt – es wäre wohl zu einem politischen Erdbeben gekommen.« Daran hatte auch die Opposition kein Interesse. Denn auch für sie ist Europa eine Lebensversicherung auf lange Zeit. Posten, die man daheim nicht besetzen kann, gibt es in Brüssel zuhauf. Wer an diesen Mauern rüttelt, der bekommt den gemeinschaftlichen Zorn des politischen Establishments zu spüren. Die Piraten mussten das ebenso erfahren wie die – erinnern wir uns – überwiegend konservativen Wirtschaftsprofessoren der Alternative für Deutschland (AfD). Ihre sachlichen Zweifel provozierten ein Feuerwerk moralischer Entrüstung.

Wenn es um den Euro geht, fühlen sich Konservative, Sozis und Liberale, einer wie der andere, auf den Schlips getreten. Da geht es wie weiland bei der heiligen Inquisition um den Glauben, der Pfründe sichert. Es wird gelogen und betrogen, dass sich die Balken biegen. Erst soll es – großes Indianerehrenwort – keinen Schuldenschnitt für die Luftikusse der Euro-Zone geben, dann vielleicht, natürlich, und schließlich hat man es doch schon immer gesagt. Der Bürger, der alte Schlingel, hat wohl wieder einmal in die Luft gestarrt, geträumt und nicht richtig zugehört, so wie damals in der denkwürdigen Nacht vom 7. auf den 8. Mai 2010, als Merkel, Sarkozy e tutti quanti hinter verschlossenen Türen die »No-Bailout-Regel«, den Haftungsausschluss der Euro-Länder untereinander, verantwortungsvoll in den Papierkorb warfen. Diese Szene, das ganze Theater, alles wäre zum Schießen komisch, wenn die Vorstellung nicht auf unsere Kosten gegeben würde und wir obendrein nicht annehmen müssten, dass uns die Herrschaften ein bisschen veralbern wollen. Aber vielleicht tun wir ihnen auch Unrecht, vielleicht sind sie ja ehrlich und haben nicht mehr zu sagen, weil sie einfach so in den Tag hinein regieren, ohne sich um die Geschichte zu kümmern. »Unsere politischen Eliten leiden unter der intellektuellen Krankheit der Kurzsichtigkeit«, sagt der französische Philosoph André Glucksmann.

Der gebildete Weltbürger weiß, »die europäischen Nationen ähneln sich nicht, deshalb kann man sie nicht verschmelzen«. Das heißt: »Europa ist eine Einheit in der Teilung oder ein Teilung in der Einheit … auf keinen Fall aber eine Gemeinschaft, weder religiös noch sprachlich noch moralisch.« Daraus folgt: »Ein europäischer Föderalstaat, eine europäische Konföderation ist ein Fernziel, das in der Abstraktion des Begriffs verharrt.« Wer es platterdings in die Politik zu übertragen versucht, beschädigt das Ideal. In der erzwungenen Einheit verliert die Idee ihre orientierende Ausstrahlung. Sie wird realpolitisch verramscht, die Werte Europas werden zum Vorteil des politischen Kartells verschleudert, aus Dummheit oder aus Berechnung, gleichviel.

Kaum dass sie aus der Taufe gehoben war, hatte Ralf Dahrendorf, damals noch Prorektor in Oxford, 1995 in einem Gespräch mit dem *Spiegel* prophezeit: »Die Währungsunion ist ein großer Irrtum, ein abenteuerliches, waghalsiges und verfehltes Ziel, das Europa nicht eint, sondern spaltet.« Als Ursache für das vorhergesagte Scheitern nannte er die Unterschiedlichkeit der »Wirtschaftskulturen«. Und obwohl sich das inzwischen ebenso schmerzlich wie teuer bestätigt hat, der Pleitegeier über Spanien, Zypern, Irland, Portugal und Italien, vielleicht sogar schon über Frankreich kreist, Griechenland seiner Verelendung entgegensieht und die Deutschen (ebenso wie die Österreicher) ihren Wohlstand in den Wind schreiben können, wenn sie auszahlen müssen, wofür sie haften, obwohl das alles auf der Hand liegt, obwohl es jeder erfassen kann, sofern er noch über einen Rest von Common Sense verfügt, hält die Politik unverdrossen Kurs, starrsinnig und in toto. Zumal der deutsche Hofstaat von der Kanzlerin und ihren Ministern bis zu den oppositionellen Gefolgsleuten des Staates scheint wie besessen von dem Wahn eines europäischen Volkes mit der Mentalität schwäbischer Häuslebauer. Doch »nicht alle Länder wollen sich so verhalten wie Deutschland«, sagt wiederum Ralf Dahrendorf, den die deutschen Manager des politischen Betriebs freilich so wenig zur Kenntnis genommen haben dürften wie die europäische Geschichte der vergangenen 2500 Jahre, seit der klassischen Periode Griechenlands im fünften Jahrhundert vor Christus. Dieser Blick zurück müsste ihnen zeigen, welch hanebüchenen Unsinn sie verzapfen, wenn sie eine politische Einheit mit der Berufung auf die »europäische Kultur« schaffen wollen. So etwas hat als Einheit niemals existiert, so etwas kann nur in der teleologisch geklitterten Phantasie von Politikern entstehen, die es gewohnt sind, sich die Geschichte ihren Zielen entsprechend zurechtzubiegen.

Europa ist eben, um es noch einmal mit André Glucksmann zu vertiefen, »keine Nation, keine Gemeinschaft im nationalen Sinn, die organisch zusammenwächst. Es ist auch nicht vergleichbar mit den griechischen Stadtstaaten der Antike, die trotz ihrer Gegensätze und Rivalitäten eine kulturelle Einheit bildeten.« Die geographischen Bezeichnungen Baltikum und der Balkan mögen sich phonetisch ähneln; kulturell trennen die bezeichneten Regionen Welten. Allein die Technokraten der Macht kümmert das wenig. Sie erschaffen sich aus dem Nichts, was sie brauchen, um den europäischen Finanzmarktmechanismus zu konstruieren. Erfordert er doch den Einsatz eines einschlägig qualifizierten Bedienungspersonals, konkret den Unterhalt der Brüsseler und anderer Schaltzentralen. Übersehen wird dabei nur, dass die Völker keine technischen Komponenten sind, die sich so oder so verschalten lassen. Wer das weniger Fassbare, die Mentalität der Völker, ignoriert, steuert ein Kraftwerk, dessen Kettenreaktionen seiner Kontrolle entzogen sind. Früher oder später kommt es zum Super-Gau. Momentan erleben wir gerade die ersten Pannen. Krisen, die sich der politischen Hybris verdanken.

Nichts ist dümmer als die Vorstellung, es bedürfe lediglich der gemeinschaftlichen Annahme einer Fremdsprache, des Englischen, um Euro-Europa zum Laufen zu bringen. Gewiss nicht zufällig hegen gerade diejenigen, die diese Sprache tatsächlich beherrschen, die Briten selbst, die größten Zweifel an dem Englisch radebrechenden Europa. Ganz offensichtlich sehen sie sich nicht veranlasst, in ein geeintes Europa aufzubrechen, um die eigene Geschichte hinter sich zu lassen. »Eine engere Union ist nicht das, was die britische Bevölkerung will«, stellte David Cameron im Sommer 2013 klar. Eine Äußerung, die ihm in der EU und vor allem von den Deutschen als konservative Quertreiberei ausgelegt wurde, weil man nicht sehen wollte oder konnte, dass sich der Vorbehalt aus einer demokratischen Tradition ergab, die den obrigkeitsorientierten Deutschen (wie auch den Österreichern) ganz einfach fehlt. Maggie Thatcher hatte in diesem Punkt keinerlei Zweifel aufkommen lassen, als sie bei einem Treffen in Brügge 1987 erklärte: »Wir haben nicht erfolgreich die Rolle des Staates zurückgedrängt, nur um sie dann auf europäischer Ebene wieder auferlegt zu bekommen.« Mit aller Autorität, die die »eiserne Lady« beanspruchte, wandte sie sich gegen die Verselbständigung der Politik. Sie unterlief die Strategie, die die anderen klammheimlich verfolgten. Für sie war die demokratische Identität Teil der nationalen. Da genoss sie einen historischen Vorteil, der anzuerkennen, nicht zu verteufeln ist. Anders als die national verunsicherten Deutschen wissen die Engländer, dass die Demokratie nur da lebendig sein kann, wo die sprachliche Einheit auch Verständigung zwischen den

Zeilen erlaubt, weil in den Untertönen gemeinschaftlich prägende Erfahrungen aufgehoben sind. Nicht zuletzt von daher erklärt sich auch, weshalb die mehrsprachige Schweiz an der direkteren Demokratie mit ihrer regionalen Orientierung festhält. Selbst in den USA ist das Englische das Tertium datur einer gemeinschaftlich getragenen Einwanderungskultur. In Europa wäre es der Code einer Elite, der gar nicht bewusst zu sein scheint, dass sie von der Mehrheit nicht verstanden würde, weder wortwörtlich noch was die Vorstellungswelten anlangt, die von den unterschiedlichen Sprachen unterschiedlich assoziiert werden. Die »transnationale Öffentlichkeit«, auf die Jürgen Habermas setzt, bestünde aus der Minderheit einer mehrsprachig parlierenden Oberschicht. Die Wortführer blieben unter sich. Der doofe Rest müsste sich mit dem abfinden, was ihm übersetzt wird. Mitreden könnte er nicht.

Weil sich unser Denken sprachlich vollzieht, jeder Gedanke erst mit seiner sprachlichen Fassung entsteht, sind die Muttersprachen mehr als ein Computercode. Deshalb hatte die »Weltliteratur« für die Aufklärung eine so große Bedeutung. Goethe, der den Begriff prägte, wusste, dass sich in den Sprachen der Dichter anderer Länder deren Kultur erschließt, dass man den fremden Ausdruck respektieren muss, wenn man voneinander profitieren will. Unserer infantilen Spielgesellschaft blieb es vorbehalten, diese identitätsstiftende Bedeutung der Sprache zu ignorieren und so zu tun, als ließe sich alles mit Bildern, Power Point und stichwortartig reduzierten Sprachfetzen erfassen. Damit sind wir um Jahrhunderte zurückgefallen, bildlich gesprochen, in die Frühphase der Höhlenmalerei, auch wenn wir uns dazu der Computer bedienen können. Trotz der inflationären Verwendung des Begriffes wird die Kultur als Ausdruck des historisch gewachsenen Selbstbewusstseins einer Gesellschaft wie ein Sekundärphänomen behandelt. Weithin vergessen ist, dass wir ihr jeglichen Fortschritt bis hin zum täglich gebrauchten PC verdanken. Kultur soll nicht geachtet, bewahrt und in die Zukunft getragen, sondern eingesetzt und benützt werden. Sie hat dem wirtschaftlichen oder politischen Zweck zu entsprechen.

»Es ist wahr«, schreibt der SPD-Chef Sigmar Gabriel in einem Aufsatz mit dem Titel »Was wir Europa wirklich schulden«, »wirtschaftliche und monetäre Umbruchzeiten sind vor allem kulturelle Zeitenwenden. Und genau dies haben weder Politiktreibende noch Kulturschaffende bislang hinreichend begriffen. Wer Europa neu denken und den europäischen Gründungsgedanken neu belegen will, der muss zuerst auch politische und kulturelle Attitüden und Mentalitäten verändern. Nur so wird es möglich sein, die real existierende europäische Zuschauerdemokratie in eine partizipative (sic!) Verantwortungsgemeinschaft von selbstbewussten und selbstbestimmten Europäern zu verwandeln.« Wieder so eine verquaste Äußerung, die man zweimal lesen muss, um die dummdreiste Anmaßung, die sich darin offenbart, zu verstehen. Heißt das doch, dass wir erstens unsere Geschichte abstoßen, verdrängen und vergessen sollen, um dann zweitens eine kulturelle Identität anzunehmen, die den politisch geschaffenen Tatsachen entspricht, genauer noch: die dem genügt, was die politische Klasse durchsetzen möchte. Neu ist das nicht. So haben die Ideologen zu allen Zeiten gedacht, zuletzt im Machtbereich des »real existierenden Sozialismus«. Dafür wurden die Intellektuellen in Umerziehungslagern interniert. Nun wollen wir dem Genossen Gabriel nicht unterstellen, Ähnliches im Schilde zu führen, müssen aber zur Kenntnis nehmen, dass er sich berufen fühlt, Europa eine neue Kultur zu verpassen. Bisher bildete sich so etwas über Jahrhunderte heraus. In den Ländern Europas haben daran Geistesgrößen wie Homer, Platon, Dante, Michelangelo, Rubens, Spinoza, Cervantes, Newton, Shakespeare, Voltaire, Hume, Lessing, Schiller, Beethoven, Puschkin, Einstein, die Brüder Mann, Sartre, um nur einige aufzählen, in aller Bescheidenheit mitgearbeitet. Und nun? Nun rüstet sich Sigmar Gabriel, »Siggi Pop«, der einstige Pop-Beauftragte der SPD, zur Kulturrevolution.

Keine Frage, die Geschichte ist fortgeschritten. Veränderte Zeiten verlangen ein verändertes Verhalten. Mit leichtem Gepäck, ohne den Ballast überkommener Bildung, reist man unbeschwerter in die ungewisse Zukunft. Wer zu viel weiß, macht sich zu viele Sorgen. Glücklich ist, wer vergisst … Diejenigen, die da nicht mittun wollen, weil sie es wie der Religionssoziologe Hans Joas, Professor in Freiburg und Chicago, für einen Fehler halten, die Geschichte in »ein neues Korsett … der angeblichen Unausweichlichkeit des europäischen Einigungsprozesses« zu zwängen, diese kulturhistorisch vernarrten Bedenkenträger werden von den Wortführern des Zeitgeistes zunehmend an den Rand gedrängt, sie fallen dem Vergessen anheim. Wer denkt etwa noch an Charles de Gaulle, Konrad Adenauers Partner im Prozess der deutschfranzösischen Aussöhnung nach dem Zweiten Weltkrieg? Der General wollte ein friedliches Europa befreundeter Staaten, in dem er nichtsdestotrotz ein stolzer Franzose bleiben konnte. Es sei, schrieb er in seinen Memoiren, »eine Illusion« zu glauben, die europäischen Nationen, »deren jede ihre eigene Geographie, ihre Geschichte, ihre Sprache, ihre besondere Tradition und Institution hat, könnten ihr Eigenleben ablegen und nur noch ein einziges Volk bilden«. Diese grundsätzlichen Zweifel will ein Guido Westerwelle, der, wenn er sonst schon nichts darstellt, gewiss als ein glaubwürdiger Vertreter des hedonistischen Zeitgeistes anzusehen ist, heute nicht mehr teilen.

Ihm bietet Europa vor allem anderen »eine Wohlstandsversicherung in den Zeiten der Globalisierung«. Unter diesem Banner wird das Euro-Projekt politisch vorangetrieben, koste es Sprache, Tradition, Demokratie oder was sonst noch. Die Freude über das große Glück, für die Urlaubsreise kein Geld mehr eintauschen zu müssen, hat die Menschen schier um den Verstand gebracht. Um die Wechselgebühren zu sparen, nehmen wir Staatsschulden in Kauf, die alles übersteigen, was wir uns vorzustellen vermögen.

Eingelullt von der Vision eines grenzenlosen europäischen Konsumparadieses, haben wir zugesehen, wie ein politischer Betrieb entstand, der sich mit seiner schieren Größe rechtfertigen kann. Einmal in die Welt gesetzt, erschafft sich die europäische Administration wie jeder bürokratische Apparat ihre eigene Wirklichkeit. Ein Unternehmen wie die Europäische Union, deren Haushalt für die Jahre 2014 bis 2020 rund 960 Milliarden Euro umfassen soll, lässt sich nicht mehr so ohne weiteres aus der Welt schaffen. Die, die die Firma führen, tragen Verantwortung für zirka 50 000 Beamte; allein bei der EU-Kommission schaffen bald 25 000. Genaue Zahlen lassen sich nicht mehr exakt ermitteln, erst recht nicht, wenn man die nationalen Zulieferer mit erfassen wollte. Der politische Betrieb Europas hat sich zu einer Parallelgesellschaft entwickelt, die lernen musste, ihre eigene Kultur zu pflegen. Insofern ist dem Euro-Philosophen Robert Menasse rundheraus zuzustimmen, wenn er erklärt, »dass die Demokratie, so wie wir sie nach 1945 mühsam und wahrlich nicht in Idealform gelernt haben und wie wir sie gewohnt sind, auf supranationaler Ebene gar nicht funktionieren kann«. Soll sie auch gar nicht, nicht, wenn man die Entwicklung aus der Perspektive der Berufspolitiker betrachtet. In ihrem Kosmos gelten andere, nämlich die Gesetze der Wirtschaft. Als die Manager ihrer Parteien müssen sie Geschäftsfelder entdecken, auf denen sie nach Möglichkeit selbständig agieren können. Dafür, dass sie das hinnehmen, werden die Untergebenen mit der Aussicht auf wachsenden Wohlstand abgefunden. Die Wahlen sind der Markt, auf dem sich die Preise bilden. Für die Veräußerung ihrer demokratischen Rechte erhalten die Bürger die erwarteten Konsumversprechen.

Der Handel könnte einfacher nicht sein, er läuft wie geschmiert in stillschweigender Übereinkunft. Um ihn perfekt zu machen, bedarf es nur noch der moralischen Sanktionierung durch ein neues, ökonomisch revidiertes Demokratieverständnis. Dass es das ist, »was wir Europa wirklich schulden«, steht für den Sozialdemokraten Sigmar Gabriel ebenso außer Frage wie für die politisch entfesselte Bundeskanzlerin Angela Merkel. In ihrer Vorstellung sind Volk und Regierung längst auseinandergefallen; wie wenig kann sie das rhetorisch auf den Punkt bringen, die Wahrheit rutscht ihr wie zufällig heraus, so nebenbei wie dem Kabarettisten auf der Bühne. Wenn sie redet, wie ihr der Schnabel gewachsen ist, schlägt Angela Merkel mit ihrer ostdeutsch gefärbten Funktionärssprache jeden Komiker aus dem Feld. Ihre skurril verzwickten Wortschöpfungen sind eine entlarvende Realsatire. Ganze Abhandlungen ersetzt die auf sie zurückgehende Redewendung von der »marktkonformen Demokratie«. Eine nahezu klassische Contradictio in adiecto, in der das Substantiv derart durch das Adjektiv verhöhnt wird, dass die Wahrheit an den Tag kommt. Die Verbindung zweier Wörter, deren Bedeutung einander ausschließt, genügt, um das ganze Betriebsgeheimnis der kommerzialisierten Politik zu verraten. Denn worauf sonst als auf die Abschaffung der Demokratie läuft es hinaus, wenn die Politik zum Vorteil der Märkte betrieben und »die parlamentarische Mitbestimmung so gestaltet wird, dass sie trotzdem marktkonform ist«. Wäre das aus dem Mund des austrokanadischen Industriellen Frank Stronach gekommen, müssten wir dem weiter keine Bedeutung beimessen. Es bestätigte nur das Bekannte: den kapitalistischen Impetus seines politischen Engagements. Da es sich hier jedoch um die Ansage einer amtierenden Regierungschefin mit »Richtlinienkompetenz« handelt, muss man wohl von einem grundsätzlichen Richtungswechsel der Politik, oder sagen wir lieber des politischen Betriebs ausgehen, weg von der Gesellschaft, der Gemeinschaft aller Bürger, hin zur wirtschaftlichen Sonderzone. Die Politik wird an der Börse platziert.

Das geschieht nicht von heute auf morgen, und es ist gewiss nicht das alleinige Verdienst oder die besondere Schuld einer einzelnen Frau. Wenn man ihr etwas ausschließlich zuschreiben kann, dann die Ermutigung der Politiker, mit weniger Scham für die Belange des Marktes einzutreten. Hängen sie doch selbst schon lange am Tropf der Finanzmärkte. Ohne sie wären sie verloren, wie es die Kaiser ehedem ohne die Augsburger Fugger gewesen wären. Was die Politiker ausgeben müssen, um die Wähler für sich zu gewinnen, übersteigt das, was sie ihnen als Steuerzahler abnehmen können, bei weitem, zumal sie den Bürgern mit steigender Verschuldung immer höhere Zinsen aufbürden müssen. Der Verfassungs- und Steuerjurist Paul Kirchhof hat einmal die Rechnung aufgestellt. Für die 1,6 Billionen Euro Schulden, die Deutschland von 1950 bis 2008 aufnehmen musste, musste es 1,5 Billionen Zinsen zahlen. Trotz kurzfristiger Liquiditätsgewinne stiegen die Liquiditätsverluste langfristig, weil der Zugewinn stets durch den Schuldendienst aufgefressen wurde. Daran hat sich bis heute nichts geändert. Auch die jüngsten Wahlversprechen müssen über neue Kredite finanziert werden. Nolens volens geht die Politik am Gängelband der Banken. In einem einzigen Jahr, 2012, mussten die Euro-Staaten Anleihen im Wert von mehr als 800 Milliarden Euro an den Finanzmärkten absetzen.

Um die Demokratie mit immer neuen Wahlgeschenken zu unterwandern, hat sich der politische Betrieb in die Schuldhaft der Banken begeben, so dass er nun die kommerziell agierenden Finanzmärkte schützen muss, um nicht selbst mit Mann und Maus unterzugehen. Aus den vermeintlich unabhängigen, demokratisch gewählten Volksvertretern sind Lobbyisten der Geldwirtschaft geworden. Beraten lassen sie sich von deren professionellen Consulting-Unternehmen. Über eigene Fachleute scheint die Regierung nicht mehr zu verfügen. Allein für das deutsche Finanzministerium arbeiteten 2012 dreizehn Kanzleien, Beratungs- und Wirtschaftsprüfungsfirmen, die bisweilen, wie im Fall von Freshfields Bruckhaus Deringer, den Autoren des Bankenrettungsgesetzes, zugleich bei den Banken unter Vertrag stehen. Insgesamt schlug dieser Wissenstransfer 2012 mit 48,4 Millionen Euro zu Buche. Eine Hand wäscht die andere. Ein Geburtstagsessen, wie es Angela Merkel für den Chef der Deutschen Bank, Josef Ackermann, 2009 in ihrem Kanzleramt ausrichtete, ist da noch die geringste Verfehlung. Selbst die diversen Schwarzgeldaffären, bei denen in Österreich immer wieder der eine oder andere Politiker auffliegt, diese gelegentlichen Zuwendungen von ein paar Hunderttausend Euro aus den Kassen der Telekom Austria, der Lotterie oder der Raiffeisenbank, sind in dem Big Business politischer Geldwirtschaft eher alltägliche Vorfälle. Peanuts wie die Parteispenden der Autoindustrie, der die CDU traditionell die Stange hält, etwa in den Verhandlungen über strengere Abgasnormen in Europa. Schwerer wiegt schon die Berufung des Goldman-Sachs-Managers Mario Draghi auf den Chefsessel der Europäischen Zentralbank (EZB). Fraglos hat der Investmentbanker Verbindungen, die sich auszahlen. Fragt sich nur, für wen? Für die europäischen Steuerzahler und die deutschen zuerst bleibt das abzuwarten. Sie haben noch an den Schäden der Finanzkrise zu tragen. Allein durch die Kapitalflucht ins Ausland kam es zu Steuerausfällen von rund zwölf Milliarden Euro. Die diversen Schlupflöcher hatten die deutschen Finanzminister Hans Eichel und Peer Steinbrück mit einer auffällig schlampigen Gesetzgebung geöffnet. Dass sich die SPD-Männer dabei für 1,8 Millionen Euro von einer Wirtschaftskanzlei beraten ließen, die den nachmaligen Kanzlerkandidaten Steinbrück zwischendurch zu hochdotierten Vorträgen einlud, sei nur nebenher erwähnt. Anderes mehr, wovon die Schwaben sagen, es habe ein »Gschmäckle«, ließe sich seitenlang anfügen. Zu reden wäre abermals von der Commerzbank, an der der staatliche Rettungsfonds Sofin 2008 25 Prozent der Anteile zu einem Preis erwarb, der zehn Prozent über dem lag, was der ganze Laden heute noch wert ist. Selbstverständlich wird es für all das Erklärungen geben, alles war gewiss irgendwie »alternativlos«. Allein dem gesunden Menschenverstand, dem Common sense, den zu gebrauchen Thomas Paine die Bürger vor mehr als zweihundert Jahren ermutigte, will das nicht einleuchten. Für ihn erschließt sich nur das eine: Die Verbindungen zwischen der Politik und der Wirtschaft, vornehmlich der Geldwirtschaft, sind enger, als es der Demokratie gut tut.

Gemeinsam mit dem Staat profitieren die führenden Exporteure von einer Niedrigzinspolitik, die die Rücklagen der Bürger auffrisst. Die überschuldeten Länder können mit dem billig aufgenommenen Geld weiter einkaufen, die liefernden Konzerne machen gute Geschäfte, indes die Steuerzahler der bürgenden Staaten das Risiko des Kreditausfalls zu tragen haben. Ein windiger Handel fürwahr, eingefädelt von Politi-

kern, denen der Niedrigzins hilft, die wachsende Schulden-
last der Staaten zu stemmen. Da ihm der ganze Verein letztlich
gehört, könnte das ein Gewinn für den Bürger sein, gälten
die aggressiv gesenkten Zinssätze nicht ebenso für die privaten Einlagen. So aber, bei einer Rendite von unter einem Prozent und einer Inflationsrate, schwankend zwischen 1,5 und
zwei Prozent (2012), ist das Geschäft »fischig«, wie es in Bertolt Brechts Stück »Der aufhaltsame Aufstieg des Arturo Ui«
heißt. Es läuft auf einen großen Raubzug hinaus. Von »einer
gigantischen Enteignung der deutschen Sparer« spricht der
Volkswirt Thorsten Polleit, indes Mario Draghi als Chef der
EZB trotzig darauf beharrt, »alles zu tun, um den Euro zu retten«, was bedeutet: Das mühsam Ersparte der Bürger fließt
weiterhin direkt in die Kriegskassen des politischen Kartells.
Gebraucht wird es für den Aufbau eines europäischen Großreiches. Denn nur so, sagt man uns, könnten wir zukünftig
gegenüber Asien und Amerika bestehen. Das klingt bedroh-
lich, angsteinflößend für den deutschen Michel. Wer wagte da
noch zu widersprechen? Weitblickende Politiker haben offensichtlich erkannt, dass wir uns bereits in einem dritten, diesmal wirtschaftlich ausgefochtenen Weltkrieg der Kontinente
befinden. Oder ist das alles ein großer Bluff, politischer Wahn,
ausgesponnen von politischen Zwergen, die an den Tisch der
Großen wollen? Auf jeden Fall sind Zweifel angeraten. Denn:
Würden wir der Vorstellung folgen, dass sich Europa bloß
noch als wirtschaftliche Einheit in der Welt behaupten kann,
zöge das die Schaffung eines politisch gelenkten Wirtschafts-
blocks nach sich. Tatsächlich erleben wir bereits das Vorspiel:
Im Herbst 2013 rügte die Europäische Kommission Deutschland für die Exporterfolge seiner Wirtschaft. Damit die anderen nicht zurückbleiben, sollten die Deutschen ihre Aus-
fuhrchancen durch eine Verteuerung der Waren beschneiden.

Lohnerhöhungen wurden angemahnt. Die EU-Kommission, hieß es, werde sich der Sache annehmen, eine genauere Überprüfung der deutschen Volkswirtschaft einleiten. Die Älteren unter uns mögen sich erinnern. Das gab es schon einmal. Genauso haben die Kommunisten des Ostblocks mit dem Rat für Gegenseitige Wirtschaftshilfe (RGW) – im Westen besser bekannt unter dem Namen Comecon – ihre Volkswirtschaften zugrunde gerichtet. »Hochverrat durch Inkompetenz«, nennt der bereits zitierte Jurist Wolfgang Hetzer so etwas.

Wenn stimmt, was die führenden Ökonomen dieser Welt ziemlich übereinstimmend sagen, dann werden es die großen Schwellenländer sein, die die wirtschaftliche Entwicklung in Zukunft vorantreiben. Der englische Ökonom und einstige Goldman-Sachs-Banker Jim O'Neill hat dafür die zum Begriff gewordene Abkürzung »BRIC« gebildet. Die Versalien stehen für die Volkswirtschaften von Brasilien, Russland, Indien und China. Manche wollen inzwischen noch Südafrika dazu zählen. Inwieweit diese Gruppe einem Kontinent, Asien oder Amerika, zuzuschreiben ist, bleibt das Geheimnis derer, die von der Bedrohung Europas durch Asien oder Amerika phantasieren. Was eigentlich soll mit diesem kontinentalen Großmachtdenken in der globalisierten Welt wirtschaftlich gewonnen werden? Will er seine Produkte weltweit verkaufen, braucht der Unternehmer in Schwaben oder in Sachsen vor allem ein zuverlässiges Netz und kompatible Computerprogramme. Seine Produkte werden in Sydney, in Kapstadt oder wo immer wegen ihres Know-how gekauft, weil er zu den »Hidden Champions«, den Weltmarktführern auf diesem oder jenem Gebiet zählt und nicht weil er Steuerzahler eines EU-Staates ist. Zu schweigen von den Konzernen, die ohnehin international aufgestellt sind. Welche Türen will ihnen die Politik noch öffnen? Hier gibt sie sich eine Bedeutung, die ihr schlichtweg nicht zukommt. Wer diesen Einwand als Ausdruck neoliberalen Denkens abtut, ist den Ideologen der Macht schon auf den Leim gegangen.

Der Anteil Europas an der Weltbevölkerung wird so oder so, mit oder ohne die Vereinigten Euro-Staaten, weiter sinken: von heute 10,6 auf etwa sieben Prozent in der Mitte des 21. Jahrhunderts. Ebenso wird unser Anteil an der globalen Wertschöpfung von derzeit dreißig auf zehn Prozent zurückgehen. Könnte es also sein, dass sich die Politik genau dagegen aufbäumen will? Fürchtet sie um den Verlust ihrer Machtbasis? Baut sie den Popanz einer asiatischen und amerikanischen Übermacht auf, um sich selbst auf Trab zu bringen, am liebsten in Richtung China? Herausfinden könnten wir das nur mit einer tiefenpsychologischen Analyse des politischen Personals; und darauf wollen wir uns dann doch nicht einlassen. Die Büchse der Pandora sollte besser verschlossen bleiben. Außerdem wäre der Aufwand zu groß. Es genügt schon, festzustellen, dass das Reich der Mitte gerade bei den deutschen Politikern zu den bevorzugten Reisezielen zählt. Regelmäßig stattet die Bundeskanzlerin dem Politbüro in Peking ihren Besuch ab. 2012 ließ sie es sich nicht nehmen, dem scheidenden Regierungschef Wen Jiabao noch einmal ihre Aufwartung zu machen. Wer sonst aus der freien Welt anreiste, wissen wir nicht. Die Scheinwerfer waren auf Frau Merkel gerichtet; sie hatte ihren halben Ministertross und die Führer der großen Konzerne in drei Flugzeugen mitgebracht. China freute sich über »das größte offizielle Regierungstreffen, das es je zwischen der Volksrepublik und einem anderen Land gegeben hat«. Gemeinsame Kabinetts- und Ressortsitzungen gehörten zum Besuchsprogramm. Die Deutschen befanden sich auf einer Studienreise. Der Außenminister schwärmte nachher vom »Vertrauensverhältnis« und »der neuen Partnerschaft mit den neuen Gestaltungsmächten des 21. Jahrhunderts«. Im Herbst desselben Jahres mussten sich die bildungsreisenden Politiker dann von dem chinesischen Schriftsteller Liao Yiwu sagen lassen, dass das China, mit dem sie »strategisch« paktieren, ein »Imperium mit blutigen Händen« ist, ein »unendlich großer Müllhaufen«. »Unter dem Deckmantel des freien Handels machen westliche Konsortien mit den Henkern gemeinsame Sache, häufen Dreck an. Der Einfluss dieses Wertsystems des Drecks, das den Profit über alles stellt, nimmt weltweit zu«, sagt der ins Exil geflohene Künstler in seiner Dankesrede für die Verleihung des Friedenspreises des Deutschen Buchhandels in der Frankfurter Paulskirche – einem der wenigen Erinnerungsorte deutscher Demokratie. Die politischen Rädelsführer unserer Tage, Guido, »Mutti« und die anderen, hätten, wären sie anwesend gewesen, allen Grund gehabt, sich beschämt aus der Aura der Geschichte zu schleichen.

So wie die Abgesandten, die 1848 zur Tagung der ersten deutschen Nationalversammlung in der Paulskirche zusammenkamen, nach Übersee, auf die freiheitlich demokratischen Verhältnisse der Vereinigten Staaten von Amerika blickten, schauen die führenden Politiker unserer Tage nach Asien. Dort macht ihnen die »Gestaltungsmacht« China etwas vor, was für die Männer und die wenigen Frauen der Paulskirche unvorstellbar gewesen wäre. Mit überwältigendem Erfolg zeigen die chinesischen Kommunisten, dass kapitalistisches Wachstum und steigender Wohlstand keineswegs mit der Entfaltung demokratischer Verhältnisse einhergehen müssen. Das von den Mao-Erben beherrschte Großreich ist zum glitzernden Modell einer politisch entmündigten Konsumgesellschaft geworden. Der Wohlstand wächst. Es geht den Menschen gut, solange sie sich aus der Politik heraushalten, keinen Anspruch auf die Bürgerrechte erheben und der Führung nicht ins

Handwerk pfuschen. Das wäre doch auch völlig in Ordnung, ein Reich dieser Größe ließe sich eben nur zentralistisch und autoritär beherrschen, erklären uns die neuen westlichen Bewunderer des alten China. Das sei, sagen sie, schon immer und überall so gewesen; das müssten wir verstehen. Sicher, so mag es sich durchaus verhalten. Aber müssen wir uns dann nicht ebenso fragen, warum das in einem vereinten Europa, das nicht kleiner wäre als das große China, anders sein sollte? »Ein vereintes Reich und territoriale Geschlossenheit – so sieht die endgültige Trumpfkarte der Diktatur aus«, hat Liao Yiwu seinen Zuhörern in der Paulskirche erklärt. Können wir die Warnung in den Wind schlagen, nur weil sie von einem fremden Erdteil kommt? Diktatur ist ja nicht gleich Diktatur; sie muss nicht unbedingt ideologischer Barbarei entspringen. Sie kann sich genauso aus den Zwängen des politischen Betriebs ergeben, jenseits von Gut und Böse. Auch die politische Entmündigung erfüllt den Tatbestand der Unterdrückung, weil sie es Einzelnen erlaubt, sich über andere zu erheben. Was würde uns hierzulande blühen, wenn die Politik einen Gestaltungsraum bekäme, der sich schon aufgrund der sprachlichen Vielfalt demokratischer Kontrolle entzöge? Was wäre dann von einer Kanzlerin zu erwarten, die im Wahlkampf erklärte, es käme nur darauf an, dass »die Menschen mehr Geld in der Tasche« haben? Tut uns »Mutti« damit Unrecht? Werden wir unterschätzt? Oder haben wir uns die Demokratie für ein Butterbrot abhandeln lassen? Wiederum Fragen über Fragen. Um sie zu beantworten, müssen wir uns selbst den Spiegel vorhalten.

In Geschichte durchgefallen
Die Abschaffung der aufgeklärten Demokratie

Es geht uns gut, besser, als es sich die Älteren noch vor fünfzig oder sechzig, gar siebzig Jahren auszumalen wagten. Verglichen mit dem, was sich Eltern und Großeltern erträumten, als sie mit Zelt und Campingkocher im VW-Käfer nach Italien aufbrachen, leben wir in Saus und Braus. Erstmals in der Geschichte können wir mehr genießen, als wir erwirtschaften müssen. So wie er sich früher aus der Leistung ergab, ergibt sich der Lebensstandard heute aus den Ansprüchen. Mit dem Wohlstand haben wir uns vom Zweifel befreit. Dass die artigen Kinder nichts bekommen, weil sie nichts fordern, muss man uns nicht mehr sagen. Wenn es etwas gibt, das wir dem Luxus verdanken, dann ist das die Erziehung zum Genuss. Wir haben endlich gelernt, die Feste zu feiern, wie sie fallen, bei Regen und bei Sonne, im Frühjahr, im Sommer, im Herbst und im Winter. Bei jeder sich bietenden Gelegenheit wird »Party gemacht« auf dem Dorfplatz oder auf der Fan-Meile. Weil er das besonders gut kann, wurde Klaus Wowereit zum Regierenden Bürgermeister von Berlin gewählt. Dass die Deutschen ständig nur schwarz sehen, dass sie nicht herzlich lachen und ausgelassen feiern könnten, ist eine Mär aus uralten Zeiten, so abgestanden wie die Geschichte vom ewig grantigen Österreicher. Nur manchmal, wenn wir uns ein bisschen gruseln sollen, werden die alten Märchen wieder aufgewärmt. Aber auch das geschieht dann eher zum Spaß, mit ironischer Distanz.

Auf die Leichtigkeit des Seins verstehen wir uns mittlerweile besser als die lange beneideten Völker des europäischen

Südens. Dem Krähwinkel sind wir glücklich entkommen. Nicht einmal als Farbdruck mag man sich das alte Spitzweg-Idyll noch über das Sofa hängen. Weder zieht es uns zurück in die »Sperlingsgasse« eines Wilhelm Raabe, noch möchten wir uns mit Adalbert Stifter im »Hochwald« verkriechen, Pfeife schmauchend neben dem Großvater im Gärtchen vor der Hütte sitzen. Die alten Klischees haben ihre Bedeutung verloren; unsere Träume sind mit der Zeit gegangen. Als Weltbürger zieht es uns hinaus in die Ferne, das Fernsehen bringt uns die Welt ins Wohnzimmer, selbst wenn wir den neuen Groß-bildschirm und den Urlaub im Robinson Club nachher raten-weise abstottern müssen. Der Fortschritt hat die Lebenslust entfesselt, reich gemacht hat er uns nicht.

Zwar steigt die Zahl der Millionäre auch in Deutschland in dem Maße, in dem der Aktienindex zulegt; innerhalb ei-nes Jahres, von 2012 auf 2013, erhöhte sich der Prozentsatz um 4,9 Punkte. Demnach verfügen, glaubt man einer internatio-nalen Erhebung der Credit Suisse, »mehr als 1,7 Millionen Bundesbürger über Bargeld und Sachwerte in Höhe von min-destens einer Million Dollar«. Doch verliert die Bilanz schnell an Glanz, vergleicht man sie mit der in anderen Ländern. Nicht annähernd entspricht die Vorstellung vom Reichtum der Deutschen dem, was wir tatsächlich auf der hohen Kante haben. Sehr viel vermögender sind die Schweizer, die Norwe-ger, die Schweden, die Australier, die Amerikaner. Selbst die Franzosen und die Luxemburger haben fünfzig Prozent, die Italiener und Belgier immerhin noch zwanzig Prozent mehr zurückgelegt. 2012 betrug das private Netto-Geldvermögen der Deutschen 41 954 Euro pro Kopf; um 31 Euro besser stehen die Österreicher da. Das ist weniger als ein Drittel von dem, worüber die Schweizer im Durchschnitt verfügen. Noch die Niederländer, die Briten oder die Israelis rangieren in der Statistik weiter oben. Geht es dagegen um die Verschuldung der Privathaushalte, finden wir uns auf den vorderen Rängen, beinahe schon an der Spitze wieder. »Deutsche Bürger sind bald Schuldenweltmeister« titelte *Focus online* am 29. August 2013. Mit diversen Konsumkrediten für die Anschaffung von Autos, Möbeln und Unterhaltungselektronik oder für die Reise in den Urlaub haben sich die Deutschen mit durchschnittlich 2741 Euro verschuldet. Nur die Griechen stehen noch tiefer in der Kreide. Die wegen ihrer Leichtlebigkeit gern gescholtenen Italiener indes haben lediglich 1793, die Spanier sogar nur 1513 Euro Miese auf ihren Konten. Während die Summe der Konsumkredite seit 2012 europaweit um 100 Milliarden auf 1,056 Billionen gesunken ist, liegt sie in Deutschland unverändert bei über 220 Milliarden Euro. 3,33 Millionen Privathaushalte, fast jeder zehnte Deutsche, waren 2013 überschuldet, durchschnittlich mit 33 500 Euro.

Anlass zur Sorge? Mitnichten! Schon gar nicht für die Politik, die uns versichert, dass es immer noch einen Sparstrumpf gäbe, der bei dem kurzfristigen Kassensturz nicht berücksichtig werde: die Aussicht auf die Altersvorsorge am Ende des Lebens. Sie steht uns allen zu, das hat Norbert Blüm versprochen, als er 1986 (es war wieder einmal Wahlkampf) plakatierte: »Die Rente ist sicher!« Der Slogan wurde zum geflügelten Wort, ein Witz, seit wir wissen, dass sich die Unterdeckung auf vier Billionen Euro beläuft, das sind viertausend Milliarden, die Milliarde zu eintausend Millionen. Tendenz steigend. Die Milchmädchenrechnung geht nicht mehr auf. Jeder ehrbare Kaufmann würde in einer solchen Situation kürzer treten und überlegen, wie er wieder festen Boden unter die Füße bekommt. Das unterscheidet den Unternehmer von seinen Mitarbeitern. Dafür, dass sie sich untergeordnet haben, stehen ihnen regelmäßige Bezüge zu. Das zu beanspruchen ist ihr gutes Recht. Im Vertrauen darauf gestalten sie ihr Leben als Konsumenten, von der Hand in den Mund oder auch auf Pump, sollten die Wünsche einmal die momentanen Möglichkeiten übersteigen. Anders als der Chef, der ihre Arbeitskraft so einsetzen muss, dass er seinen Verpflichtungen ihnen gegenüber auch morgen nachkommen kann, müssen sie, wenn sie es denn wollen, nicht über den Tag hinaus denken, womit wir wieder beim Staat, den Bürgern und der Demokratie wären. Denn leben wir heute nicht alle mehr oder weniger im Augenblick, ohne dass wir uns noch Gedanken über die Zukunft machen wollten? Haben wir die Verantwortung dafür nicht längst wieder an die Obrigkeit abgetreten, versteigert gegen das Versprechen sozialstaatlicher Absicherung? Je ungewisser ihnen die Zukunft erscheint, desto weniger wollen sich die Deutschen mit ihr befassen, desto mehr wünschen sie sich »eine starke Führung«. Und weil es den Kaiser nicht mehr gibt, nehmen sie »Mutti« dafür; sie wird es schon irgendwie richten, dafür sorgen, dass alles bleibt, wie es ist, weiterhin genug hereinkommt für die Ratenzahlung. Das unbedingte Vertrauen, das ihr die Mehrheit entgegenbringt, obwohl sie nichts von der Politik ihrer Partei hält, umgibt die Kanzlerin mit einer landesmütterlichen Glorie. Der Spott, mit dem Satiriker und Kabarettisten über diese freiwillige Unterordnung herziehen, verhallt im kleinen Kreis.

Neu ist auch das nicht. Heinrich Mann hat ganz Ähnliches in seinem noch vor dem Ersten Weltkrieg entstandenen Roman »Der Untertan« beschrieben. Unvergesslich die grotesk zugespitzte Situation, in der die Hauptfigur Diederich Heßling wie von Sinnen neben dem vorbeireitenden Kaiser die Straße entlang hastet. Die Arme hochgerissen, jubelt er mit der Masse dem Mann zu, den er als den Garanten seines Wohlstands ansieht. Der Film, den Wolfgang Staudte, einer der wenigen, die es nach dem Zweiten Weltkrieg wagten, die Hingabe des Volkes an die Macht zu gestalten, 1951 für die ostdeutsche DEFA nach dem Roman drehte, stand im Westen fünf Jahre auf dem Index. Bis 1971 durfte er nur in einer gekürzten Fassung gezeigt werden. Heinrich Manns Geschichte »des in der Masse verschwindenden Machtanbeters, des Autoritätsgläubigen wider besseres Wissen und politischen Selbstkasteiers« ging unter die Haut. Sie war ein Menetekel, das den Frieden des Wirtschaftswunders zu stören drohte. Davon kann heute keine Rede mehr sein. Es hat sich herausgestellt, dass es genügt, einfach sein Ding zu machen, ohne sich von den Zeichen an der Wand beirren zu lassen.

So wie wir in der Konsumgesellschaft einerseits zu einer freieren Lebensart gefunden haben, urbaner und weltläufiger geworden sind, so hat sie den Bürger andererseits zum Privatmann erzogen, zu einem Bourgeois, der keine Veranlassung sieht, als Citoyen für das bürgerliche Gemeinwesen persönlich einzustehen. Die Ideale der Französischen Revolution sind mit dem Wohlstand verfallen. Zu steigern ist allein das »Bruttowohlfühlprodukt«, wie die *Welt am Sonntag* nach der Bundestagswahl 2013 feststellte. Wir genießen die Unmündigkeit, die wir uns selbst zuzuschreiben haben. In dem Maße, in dem sich der Individualismus ausbreiten konnte, durchaus zum Vorteil des Einzelnen, ging der innere Zusammenhalt der demokratischen Gesellschaft verloren – nirgends so schnell, so durchgreifend wie in Deutschland. Da hier der gemeinsame Bezugspunkt eines starken Nationalbewusstseins fehlt, das vielen, den Intellektuellen zumal, nach dem Zweiten Weltkrieg ein für allemal diskreditiert schien, blieb am Ende einzig die materielle Fixierung, der individuell genossene Wohlstand als etwas, das alle miteinander teilen können, weil sie es prinzipiell ähnlich erleben, wenn auch auf unterschiedlichem Niveau. Als Angehörige einer Nation hingegen konnten und können die Deutschen bestenfalls noch im Fußballstadion oder an den Stränden des Mittelmeers zusammenrücken. Der »Verfassungspatriotismus«, der Stolz auf das freiheitliche Grundgesetz der Bundesrepublik, auf den Dolf Sternberger und Jürgen Habermas das Volk einzuschwören dachten, drang nie in die Tiefe. Dem intellektuellen Entwurf fehlte die emotionale Dimension.

Erinnern wir uns kurz an den Anfang unserer Überlegungen: Die Demokratie haben Deutsche wie Österreicher als Geschenk erhalten. Leidenschaftlich begrüßt wurde die neue Verfassung da wie dort von einer Minderheit, die Mehrheit hat sie hingenommen. Worauf also hätte sich der verbindende Stolz der Staatsvölker beziehen sollen, auf Paragraphenwerke, die unter alliierter Aufsicht entstanden waren, unter Federführung der »Sieger«, wie man es damals empfand? Dann doch eher auf das, was sich die Menschen nun wirklich im Schweiße ihres Angesichts erarbeitet hatten, auf das neue Auto, das Eigenheim, den Urlaub an der Adria oder den Aufstieg in die tennisspielende Upperclass. Mokieren mag sich darüber, wer will. Darauf kommt es nicht an. Ebenso wenig sollte man aber die Augen vor den Tatsachen verschließen und sich in der Illusion einer bürgerlich gefestigten Demokratie wiegen. Ihrer Ausplünderung durch das politische Kartell hat der Individualismus der Konsumgesellschaft nach Kräften Vorschub geleistet. Obwohl die Verfassung die individuelle Freiheit überhaupt erst garantierte, ist ihre Bedeutung mit der Orientierung auf die Selbstverwirklichung des Einzelnen zunehmend in Vergessenheit geraten. Der verstörenden, auch kränkenden Einsicht in ihre selbstverschuldete politische Entmündigung wollen sich die Menschen nicht mehr aussetzen. »Der materielle Wohlstand« habe »eine furchtsame Gesellschaft hervorgebracht, die allen Konflikten ausweichen und sämtliche Warnsignale missachten möchte, durch die sie ihren Hedonismus gestört sieht«, sagt der britisch-amerikanische Historiker Walter Laqueur, dessen Familie zu großen Teilen in den Konzentrationslagern des Dritten Reiches ermordet wurde.

Die Situation ähnelt der in früheren Endzeitgesellschaften. Mit »Brot und Spielen« taumelte das Römische Reich seiner Auflösung entgegen. Das im Luxus schwelgende Florenz verfiel, weil sich die Medici am Ende bloß noch auf die gekauften Duckmäuser, zu denen sie die Bürger gemacht hatten, stützen konnten. Während des Fin de Siècle, um 1900, als die Industrialisierung nicht nur das Elend der Mietskasernen, sondern zugleich einen bis dahin unvorstellbaren Reichtum hervorgebracht hatte, ermüdete das Bürgertum im Genuss. Im ästhetizistischen Rückzug entstanden die Kunstwerke der Dekadenz. Feinsinnig feierten sie eine Schönheit, der das Morbide bereits innewohnt. Berauschend strömte die Musik in Richard Strauss' »Rosenkavalier«; die Blume, die Octavian seiner Geliebten überbringt, ist aus purem Silber getrieben: eine leblose Kostbarkeit. Sublimiert sind die Leidenschaften. Wie waren sie dagegen noch in den Opern Guiseppe Verdis aufgebrochen, da er selbst entflammt war für das Risorgimento, den Freiheitskampf der Italiener. Nun, bei Richard Strauss, ist aus der Musik die reine Kunst geworden. Ein Walzer in den Kostümen des Barock, ein stilvoller Reigen falscher Gefühle; die Tänzer etwas ermüdet am Leben, wie sie durch Arthur Schnitzlers Novellen schlendern. Die Blicke sind verhangen. Mit düsterer Prophezeiung gibt Friedrich Nietzsche den Ton an. Die frühen Romane und Erzählungen der Brüder Mann wären ohne ihn nicht denkbar gewesen. Noch die Expressionisten standen unter dem Einfluss seiner Zivilisationskritik, der Ablehnung der Politik als schmutziges Geschäft. Unterschwellig wuchs die Sehnsucht nach einer Erlösung aus der Lethargie durch die Katastrophe. »Es ist immer das gleiche, so langweilig, langweilig, langweilig. Es geschieht nichts, nichts, nichts. Wenn doch einmal etwas geschehen wollte (…) sei es auch nur, dass man einen Krieg begänne«, notierte der Lyriker Georg Heym am 6. Juli 1910 in seinem Tagebuch. Wenige Jahre später, dann schon unter dem Eindruck der Materialschlachten des Ersten Weltkriegs, schrieb Walter Hasenclever sein berühmtes Gedicht »Die Mörder sitzen in der Oper«. Der Titel bezog sich auf die Aufführung des »Rosenkavalier« in der Dresdner Semperoper. Zur Premiere 1911 war das Publikum aus ganz Deutschland, auch aus Österreich angereist. Später kamen die Gäste mit Sonderzügen in die Barockstadt an der Elbe, um sich musikalisch entführen zu lassen – wegzusehen von dem, was die Politik anstellte.

Seit jeher ist das Verlangen nach ablenkender Unterhaltung gestiegen, sobald sich das Interesse an der Gestaltung des Gemeinwesens zu verlieren begann. Wer nicht mehr weiß, worauf er in der Zukunft hinwirken soll, muss die Zeit in der Gegenwart totschlagen. »Es zählt nur eins: der Augenblick … Denn Dasein heißt: Der Augenblick«, singt die Schlager-Diva Helene Fischer. Zu ihren »Konzerten« strömt das Publikum heute aus allen Ecken des Landes wie seinerzeit die Hautevolee zum »Rosenkavalier« in der Inszenierung von Max Reinhardt. Von ihr fühlen sich »die Menschen« verstanden, ihre Augenblickseuphorie entspricht dem allgemeinen Bedürfnis. Ihre Shows zeigt das Fernsehen auf allen Kanälen als Endlosschleife. Die Einschaltquoten, heißt es, würden das verlangen. Um die Leere, die der Verlust der Perspektiven hinterlässt, irgendwie auszufüllen, wird das Vergnügen nicht bloß im Fernsehen zum Zweck des Daseins erhoben. Es gewinnt eine solche, geradezu identitätsstiftende Bedeutung, dass der Einzelne bereit ist, dafür über seine Verhältnisse zu konsumieren. Schließlich brauchen wir alle irgendetwas, zu dem wir uns bekennen können, etwas, woraus wir unser Selbstbewusstsein herleiten.

Die Hoffnung, dass sich das Selbstwertgefühl eines jeden wenigstens teilweise aus der engagierten Verbundenheit mit dem Grundgesetz ergeben könnte, hat sich nicht oder doch nur unzureichend erfüllt. Das politische Ideal der Aufklärung, die Vorstellung einer repräsentativen Demokratie, in der die Volksvertreter den Willen der Bürger vernünftig umsetzen, will fast schon wieder phantastisch anmuten. Weder die Politiker noch die Bürger, scheint es, können damit viel anfangen. Statt auf ein Zusammenwirken haben sich beide Seiten auf einen Handel eingelassen, bei dem das politische Geschäft kurzerhand »outgesourct« wurde. Der Bürger lässt erledigen, womit er sich nicht weiter befassen will; und die, die ihm das abnehmen, sehen zu, dass ihr Unternehmen floriert. Ganz falsch ist das nicht. Jede Gesellschaft braucht eine funktionierende Verwaltung – für die innere Organisation, für das Gesundheitswesen, den sozialen Bereich, das Recht und die Sicherheit.

Auch das Verhältnis zu den Nachbarn gestaltet sich nicht im Selbstlauf, ohne das Zutun der Diplomatie. Die Politik hat praktische Aufgaben zu erfüllen. Als Handwerk wird sie in jeder Staatsform gebraucht, unter der Monarchie und in der Diktatur ebenso wie in der Demokratie, mit einem Unterschied: Während der Alleinherrscher, sei er nun Regent, Häuptling oder Tyrann, den politischen Apparat zur Vollstreckung seines Willens unterhält, genießt die politische Klasse in der Demokratie das Vorrecht, selbst als Souverän zu handeln – als repräsentativ gewählter Teil des herrschenden Volkes. Da liegt der Hase im Pfeffer. Verlangt das doch mehr als die technische Organisation reibungsloser Abläufe. Zu bestimmen ist der Zweck der ganzen Veranstaltung.

Alles politische Tun muss sich letztlich auf die Bewahrung grundsätzlicher Wertvorstellungen beziehen, auf die Verteidigung der Demokratie an sich. Als Mittel zum Zweck taugt sie nicht. Werden ihre Möglichkeiten nur mehr genutzt, um an die Macht zu gelangen, zerfällt die ideelle Einheit des bürgerlichen Gemeinwesens. Wir erleben die Aufspaltung in Herrschende und Beherrschte. Bestehen kann die Demokratie nur solange, solange die Verfolgung ihrer ideellen Ziele, als da sind die Freiheit des Einzelnen und die Selbstbestimmung aller über ihr Schicksal, das übergreifende, vornehmste Anliegen politischen Handelns ist. Sobald dies nebensächlich erscheint, weil man es für naturgegeben hält, beginnen die materiellen Interessen zu dominieren. Die Demokratie verkommt zu einer Abmachung der Parteien. Der Bürger verschachert seine Stimme meistbietend gegen das Versprechen, ihm dies oder das zukommen zu lassen. Und fraglos dürfen wir, um nochmals allen Missverständnissen vorzubeugen, von den Politikern verlangen, Rahmenbedingungen zu schaffen, in denen jeder so leben kann, so abgesichert ist, dass er die Freiheit, die ihm das Grundgesetz garantiert, tatsächlich nutzen kann. Wer nicht weiß, wovon er morgen leben soll, weiß auch mit der Freiheit nichts anzufangen. Für ihn bleibt sie ein Blütentraum, eine zynische Verheißung womöglich. Aber wo kommen wir hin, wenn es dem politischen Kartell überlassen bleibt, beispielsweise auf Heller und Pfennig zu bestimmen, was unter Gerechtigkeit zu verstehen ist? Beginnt sie bei einem Mindestlohn von acht, neun oder zehn Euro, in der einen Branche mit etwas mehr, in der anderen mit etwas weniger am Monatsende? Ist sie hergestellt, wenn die Managergehälter politisch gedeckelt werden, auf ein, zwei oder drei Millionen im Jahr? Haben wir uns damit nicht von vornherein einer Macht ausgeliefert, die nach eigenem Gutdünken entscheiden kann, was uns zukommt, nicht nur auf dem Gehaltszettel? Ist es da ein Wunder, wenn uns die Politiker inzwischen sagen wollen, welche Bücher wir besser nicht lesen sollen, welche Parteien wir nicht zu wählen haben? Oder brauchen wir nicht vielmehr ein gesellschaftliches Klima, in dem es sich von selbst versteht, einander nicht übers Ohr zu hauen, nicht in der Wirtschaft und nicht in der Politik? Wo es nötig ist, neben den Gesetzen Durchführungsbestimmungen zu erlassen, um die konstituierenden Wertvorstellungen der bürgerlichen Gesellschaft aufrechtzuerhalten, steht die Demokratie auf tönernen Füßen. Der Staat erhebt sich vormundschaftlich über das Volk, das sich wie eine Horde von Individualisten gebärdet. Aus den Politikern, die beauftragt waren, den vernünftig gebildeten Bürger zu vertreten, werden Erziehungsberechtigte, die ihn an die Hand nehmen.

Die Behauptung, dass das schon immer so gewesen sei, dass es immer die da oben und die da unten gegeben habe, ist eine schwache Ausrede, historisch vielfach widerlegt. Zutreffend ist sie nur dann, wenn das Wesentliche, die geistige Dimension der Demokratie, die Vorstellung vom Wert eines selbstbestimmten Lebens, unter den reich gedeckten Tisch fällt. In der Abkehr vom inhaltsleeren Gerede der Parteibonzen schweben die Intellektuellen dann auf der Metaebene feinsinnig ausgesponnener Spieltheorien, hoch über der Plebs, die das derbe Vergnügen bei Dieter Bohlen sucht, indes die Politik vom Verfall des kritischen Bewusstseins da wie dort profitiert. Als Hedonisten, egalisiert und reduziert auf ihre materiellen Ansprüche, lassen sich die Menschen leichter regieren. Das Ganze ist, sagt der im April 2013 gestorbene spanische

Ökonom und Schriftsteller Luis Sampedro, ein über die Grenzen seines Landes geschätzter Hochschullehrer, der überdies als Banker erfolgreich war, das Ganze ist »ein Bildungsproblem, ein Problem der Werte unserer Zeit. Uns sind elementare Werte verlorengegangen, wie Gerechtigkeit und Zwischenmenschlichkeit. Wir leben in den Zeiten des totalen Egoismus … Die alten Werte wurden ersetzt durch monetäre Interessen.« Der Demokrat alter Schule, der selbst noch im Spanischen Bürgerkrieg gegen Franco, den von Hitler gestützten Diktator, gekämpft hatte, wusste, nur wenn man über eine Bildung verfügt, »die uns zu freien und zu denkenden Menschen macht, kann man sich selbst formen« – jene Eigenständigkeit gewinnen, die den Bürger zur Wahrnehmung seiner Rechte befähigt, die es ihm erlaubt, der Politik gegenüber als der wahre Souverän aufzutreten.

Die Demokratie steht und fällt mit der Bildung derer, die sich für sie entschieden haben, ob sie ihr nun regierend dienen oder ob sie als Bürger bestimmen, wer die Gemeinschaft wie vertreten soll. Schon im 19. Jahrhundert definierte das Lexikon, der Brockhaus von 1840, die Demokratie als »Macht der höheren geistigen oder moralischen Interessen«. Wer sie vertreten wollte, brauchte mehr als Fachwissen, er brauchte eine Bildung, die ihn befähigte, in größeren Zusammenhängen zu denken. Staatsmännisches Handeln verlangte historische Einsicht. Die Aufklärung, aus der Philosophie und der Literatur hervorgegangen, gewann politische Bedeutung; mit der Bildung emanzipierte sich das Bürgertum. Eine der größten, wenn nicht die größte Errungenschaft des 19. Jahrhundert überhaupt war der Aufbau des öffentlichen Bildungswesens, der ganze Stolz der bürgerlichen Gesellschaft. Schulen und Universitäten verließen die engen Stuben ihrer Vergangenheit und bezogen mächtig aufragende Gebäude, in Leipzig, in Berlin, in München, in Wien wie an ungezählten anderen Orten. Dass das oftmals noch unter landesherrlicher Aufsicht geschah, tat dem Geist keinen Abbruch. An den Kathedern und in den Hörsälen lehrte das Bürgertum. Die großen Museen und Theater, die damals entstanden, waren Prachtbauten. Bis heute bezeugen sie die Wertschätzung des Geistes. Auch die in die Breite wachsende Arbeiterklasse, das Proletariat, wollte daran teilhaben. Es entstanden die Arbeiterbildungsvereine, die Vorläufer der Volkshochschulen.

Den Nachgeborenen, den studentischen Wortführern der leistungsmüden Wohlstandsgesellschaft, blieb es überlassen, das alles ein gutes Jahrhundert später wieder gering zu schätzen, wenn sie spotteten: »Unter den Talaren – Muff von tausend Jahren«. Unter dem vordergründigen Bezug auf das »Dritte Reich«, das ein Tausendjähriges sein wollte, haben die Achtundsechziger das Kind mit dem Bade ausgeschüttet. Aufgebracht zogen sie gegen etwas zu Felde, das ihnen mehr abverlangte, als sie leisten wollten. Weil sie Zweifel an der eigenen Großartigkeit weckte, wurde die Tradition mit Füßen getreten, die Bildung verspottet. »Die Clowns und Komiker«, konstatierte der Nobelpreisträger Mario Vargas Llosa, »äußern sich als das, was sie sind – wen wundert's? Ihre Meinungen scheinen von vermeintlich fortschrittlichen Ideen getragen, doch in Wahrheit plappern sie nach einem versnobten Drehbuch der Linken: mit Tamtam und Trara von sich reden machen.« Der Jux ersetzt die Argumente. Gerhard Schröder hatte die Lacher auf seiner Seite, da er sich 2005 über den Steuerrechtsexperten Paul Kirchhof als weltfremden »Professor aus Heidelberg« lustig machte. Ebenso verulkte Peer Steinbrück den Euro-Kritiker Professor Hans-Werner Sinn als »Professor Unsinn«. Die Frechheit hat längst über den Verstand gesiegt. Erst in jüngster Zeit beginnt sich das langsam wieder zu ändern. Doch wie vieles ist der Gesellschaft unterdessen abhanden gekommen, nicht zuletzt das Wissen um die Bedeutung der Bildung für eine Demokratie, die den Namen verdient.

Zwar stimmt es, dass die Bildung nur wenige davon abhielt, unter wehenden Fahnen in den Ersten sowie in den Zweiten Weltkrieg zu ziehen, dass sie weder die nationalsozialistische noch die kommunistische Diktatur abgewendet hat, mehr noch, dass Tausende ihre Heimat gerade deshalb verlassen und ins Exil gehen mussten, weil sie die klassische Bildung, die Werte der abendländischen Kultur, verinnerlicht hatten. Aber das alles heißt doch nicht, dass es den Völkern ohne die Bildungsanstrengungen früherer Generationen besser ergangen wäre. War es nicht vielmehr so, dass die Menschen mehrheitlich noch zu sehr in ihrer »selbstverschuldeten Unmündigkeit« verharrten, um den Rattenfängern Einhalt zu gebieten? Das ideologische Brimborium, mit dem die entwurzelte Konsumgesellschaft ihr Schuleschwänzen zu entschuldigen sucht, ist ein dummer Schwindel. Wer sich zu der Behauptung versteigt, die Geschichte des zwanzigsten Jahrhunderts habe endgültig gezeigt, wie wenig die Bildung gegen die politische Entrechtung vermag, gar unterstellt, sie habe den Nationalismus und die Aggression befördert, hat sich schon von der Demokratie verabschiedet. Das gilt für diejenigen, die es schlichtweg leid sind, sich länger mit dem alten Zeug zu beschäftigten und mehr zu lernen, als der berufliche Aufstieg erfordert; und es gilt nicht weniger für jene, die uns – denken wir wieder pars pro toto an Sigmar Gabriel – einreden wollen, es sei an der Zeit, eine ganz neue Kultur zu erfinden, passend zu dem zentralistisch regierten Europa der Zukunft. Eine unheilige Allianz, in der die Ersten mit ihrer weltanschaulichen Beschränkung den Zweiten in die Hände spielen. Ohne dass sie es noch bemerken, werden die bildungsmüden

Bürger, reduziert auf die banale Existenz, zu Steigbügelhaltern von Politikern, die genauso wie sie aus der Geschichte gefallen sind – nicht vorsätzlich, sondern einfach nur intellektuell verkümmert.

Dabei wollen wir hier keineswegs dem akademisch zertifizierten Hochmut das Wort reden. Was davon zu halten ist, haben die zahlreichen Plagiatsaffären der jüngsten Vergangenheit gezeigt. Dass nicht jeder Bürger ein studierter Historiker sein kann, versteht sich von selbst. Aber so wie jeder gewisse Umgangsformen kennen und beherrschen muss, um mit den anderen auskömmlich zusammenleben zu können, so bedarf es eines politisch-historischen Grundwissens, um die demokratischen Verhältnisse aufrecht zu erhalten. Wenn viele Schüler, wie *Spiegel online* am 27. Juni 2012 berichtete, »Schwierigkeiten haben, den Unterschied zwischen Demokratie und Diktatur zu erkennen«, dann bedeutet das entweder, dass sie sich von beidem keine Vorstellung machen können, weil das nötige Wissen nicht vermittelt wurde, oder dass die Demokratie, in der sie leben, in ihren Augen bereits diktatorische Züge angenommen hat. Die eine Schlussfolgerung ist kaum weniger deprimierend als die andere, zumal es bei der ersten Annahme irgendwann auf Zustände hinauslaufen könnte, in denen die zweite zutrifft. Fürs Erste ist es schon erschreckend genug, dass jeder vierte Schüler heute, 2013, »ein neutrales Bild vom Nationalsozialismus« hat, jeder dritte denkt, »die DDR sei durch demokratische Wahlen legitimiert gewesen«, während nur jeder zweite glaubt, das Gleiche gelte für die Regierung der BRD. Nur die Hälfte aller Schüler kann noch sagen, in welchem Jahr die Mauer gebaut wurde. Dass es die DDR war, die sie errichtet hat, wusste gerade noch ein Drittel von 7000 Schülern der höheren Klassen aller Schultypen.

Die Erhebung bedarf keiner Kommentierung. Und es wäre

billig, das Desaster denen in die Schuhe zu schieben, die es als Kinder und Jugendliche erleben und am Ende als politisch unmündige Untertanen ausbaden müssen. Man schlüge auf den Sack, ohne den Esel zu treffen. Die Schüler sind heute so faul oder so fleißig, wie sie es zu allen Zeiten waren, nicht dümmer oder gescheiter als ihre Eltern einst. Sie werden nur systematischer verblödet von einer Gesellschaft, der Bildung nichts mehr bedeutet. Was ihnen nicht angeboten und abverlangt wird, können sie nicht lernen. Ihnen wird die Grundlage späterer Selbständigkeit vorenthalten; ihre Erzieher entlassen sie in die ewige Infantilität. Ohne das intellektuelle Rüstzeug, das sie brauchten, um die Demokratie politisch selbstbewusst gestalten zu können, schlittern sie in eine Zukunft, in der sie politisch nicht mitreden können. Andere werden sie führen müssen. So zwingend diese Entwicklung scheint, so falsch wäre es, dahinter einen Plan zur Absicherung des autoritären Staates zu vermuten. Verschwörungstheorien simplifizieren die Geschichte allemal. Was im Nachhinein planvoll anmutet, hat sich in aller Regel unverhofft ergeben und mitunter zum Erschrecken derer, die die Verantwortung dafür tragen. In unserem Fall heißt das, dass es sich bei dem ausgreifenden Bildungsnotstand um einen Folgeschaden handelt, den die Politik als solchen noch gar nicht wahrgenommen hat. Die Bildungs-, die Schul- und die Hochschulreformen, die sich alle Parteien, Grüne und Linke wie Rechte und Liberale, in immer kürzeren Abständen ausdachten, sollten ja gerade dem Zeitgeist entsprechen und Bildung durch Absenkung der Anforderungen in die Breite tragen, ihre gerechtere Verteilung gewährleisten. Das entsprach dem sozialstaatlichen Konzept der Konsumgesellschaft, und so wird im Grunde bis auf den heutigen Tag verfahren. Traurige Berühmtheit erlangte der hessische Kultusminister Ludwig von Friedeburg, als er die

Rechtschreibung abschaffen wollte, weil ihr verbindliches Regelwerk die unteren Schichten der Gesellschaft benachteiligen würde. Abgemildert wurden seine Ideen später mit der Rechtschreibreform umgesetzt. Dass das die Sprache als Kulturgut beschädigte, kümmerte jene wenig, die sich als Vereinfacher einer angeblich viel zu komplizierten Orthographie und Syntax selbst auf den Schild hoben.

Seit Jahrzehnten sind sie damit beschäftigt, einerseits das geforderte Bildungsniveau der sinkenden Lernbereitschaft anzupassen, um andererseits mit der erleichterten Vergabe aller möglichen Zertifikate, vom Abiturzeugnis bis zum Doktordiplom, den Anschein einer in die Breite wachsenden Bildung zu erzeugen. Etwa fünfzig Prozent eines Jahrgangs beenden ihren Schulweg inzwischen mit dem Reifezeugnis. Dass sie dann nicht wissen, was 1789 in Frankreich und 1848 in Deutschland geschehen ist, dass sie kaum fünf Zeilen fehlerfrei schreiben können und Schwierigkeiten mit der Prozentrechnung haben, bleibt unbemerkt. Hauptsache, die Statistik stimmt. Damit es keine Sitzenbleiber gibt, die sie verderben könnten, sinken die Anforderungen weiter und weiter. Lehr- und Studienpläne werden entrümpelt, der Ballast klassischer Bildung fliegt Stück für Stück über Bord, mit jeder Reform wird das Boot leichter. Und weil die Politiker, fixiert auf den schnellen Erfolg ihrer kommerzialisierten Parteien, selbst nicht mehr wissen, was ihnen die Geschichte noch soll, fühlen sie sich auch nicht veranlasst, das Fach weiter unterrichten zu lassen. Es wird in anderen Stunden nebenher mit durchgezogen. In einigen Bundesländern ist es Teil des Geographie-, Politik- und Sozialkundeunterrichts. In Bremen gehört es zum Mischfach »Welt und Umwelt«. Die Saarländer streifen die Geschichte im »Lernbereich Gesellschaftswissenschaften«. In der untergegangenen DDR nannten sie das »Staatsbürgerkunde«. Wo sie so nebensächlich abgehandelt wird, wird kaum noch eine Schülerin oder ein Schüler auf den Gedanken kommen, dass Geschichte wichtig oder auch nur interessant sein könnte – nötig für die politische Selbstfindung in der Gegenwart. So belanglos, wie sie angeboten wird, wird die Geschichte von den Schülern wahrgenommen. Ihre historische Ahnungslosigkeit offenbart den Geist der staatlich verordneten Stundenpläne.

Der Präsident des Deutschen Lehrerverbandes, Josef Kraus, warnt bereits vor dem »historischen Analphabetismus« der nachwachsenden Generationen. In einem Beitrag für die *Frankfurter Allgemeine Zeitung* schrieb er 2012, dass es ein »Zeichen der Unbildung« sei, die Geschichte auszublenden, um »sich dem Absolutismus der Gegenwart zu überlassen«. Denn: »Wer zu wenig weiß, muss zu viel glauben, zum Beispiel zu viele Legenden. Das heißt: Junge Leute, sollen sie denn mündige Staatsbürger sein, brauchen fassbares historisches, ja kanonisches Wissen.« Sie brauchen es, erklärte er weiter, weil sich »die individuelle und kulturelle Identität« eben nicht »aus modisch definierten Kompetenzen, sondern aus der Erinnerung eines konkret fassbaren Erbes« ergibt. Das sei »der Grund, warum totalitäre Systeme zur Proklamation einer ewigen Gegenwart neigen«.

Vor allen anderen sollte das den Politikern, soweit sie sich der Demokratie verpflichtet fühlen, zu denken geben. Denn wenn sie sich auch nicht nachsagen lassen müssen, den Verfall der Bildung zum Vorteil der Macht methodisch betrieben zu haben, so setzen sie sich doch dem Verdacht aus, heimlich von der politischen Unmündigkeit profitieren zu wollen, wenn sie die Stimmen der Kritiker weiterhin überhören. Oder sollten sie sich selbst dessen schon nicht mehr bewusst sein, weil sie sich ebenfalls aus der Geschichte verabschiedet haben und die

Zukunft der Vorsehung überlassen, um bloß noch im Augenblick zu leben, solange der Betrieb eben läuft? Auszuschließen ist das nicht angesichts der Wendigkeit, mit der das politische Kartell auf die Kursschwankungen am Meinungsmarkt der Konsumgesellschaft reagiert, bei der Energiewende, der Abschaffung der Wehrpflicht oder beim Umbau der Universitäten zu Berufsschulen, die ihre Ausbildungszeiten verkürzen, indem sie das Vorlesungsverzeichnis »verschlanken«.

Wo das historische Verständnis auf der Strecke bleibt, wird die Demokratie als ein Zustand angesehen, den es auszunutzen gilt. Wer nicht weiß, dass die Freiheiten und Rechte, die sie gewährt, errungen werden mussten, hat Mühe, in der Demokratie einen Wert zu erkennen, dessen Verteidigung der oberste Zweck allen politischen Bemühens sein sollte. Um zu bestehen, muss sie stets aufs Neue wiederhergestellt werden im Kräftemessen der gestaltungsorientierten Politiker mit ihrem Souverän, dem Volk. Nur ein Volk, das nicht weiß, gegen welche Entrechtung die Demokraten einst auf die Barrikaden gegangen sind, kann dem Irrglauben an die Notwendigkeit autoritärer Strukturen verfallen, kann sich einreden lassen, das Gebot der sozialen Gerechtigkeit verlange die partielle Einschränkung seiner demokratischen Rechte. Als ob sich das eine gegen das andere abwägen ließe. Mit dem Verzicht auf die Bildung bringen wir uns selbst um die Freiheit. Die Demagogen haben leichtes Spiel, sie hatten es immer, wenn die Menschen zu unwissend waren, um der Verführung zu widerstehen. Bereits 1574 schrieb Étienne de La Boétie, ein enger Freund Montaignes, in seinem Buch »Von der freiwilligen Knechtschaft«: »Kein Vogel geht so schnell auf die Leimrute und kein Fisch lässt sich durch einen Wurm so rasch an die Angel ködern, wie sich ein Volk durch die Knechtschaft locken lässt, sobald man ihm nur Honig ums Maul schmiert.«

Nun leben wir nicht mehr im 16. Jahrhundert. Niemand muss, wenigstens nicht im westlich zivilisierten Europa, befürchten, in persönliche Knechtschaft zu geraten, jeder kann Polizei und Justiz zu Hilfe rufen, droht ihm Gefahr. Wir besitzen unumschränkte Reise- und Redefreiheit. Wir können tun und lassen, was wir wollen, sofern dadurch nicht die gleichen Rechte anderer verletzt werden. Alles richtig und ein großes Glück. Aber sind wir wirklich klüger geworden, zu gescheit, um uns noch verschaukeln zu lassen? Haben wir uns den Euro, für den wir nun teuer bezahlen müssen, nicht eben erst als den Stein aller ökonomischen Weisheit andrehen lassen? Wie lange wird es dauern, bis unsere Sparguthaben gepfändet werden? Die ersten Pläne dazu hat der Internationale Währungsfonds (IWF) bereits entwickelt. An zehn Prozent auf alles, was den privaten Schuldenstand übersteigt, denken die Währungshüter. Was haben wir uns da aufschwatzen lassen? Mit jedem Wahlversprechen, das unseren Ansprüchen schmeichelte, sind wir tiefer und tiefer in die Zinsknechtschaft geraten: gutgläubig, ahnungslos, mangelhaft gebildet. Nur vier von zehn Deutschen wissen, was unter »sozialer Marktwirtschaft« zu verstehen ist. Die Zahlen sind nicht aus der Luft gegriffen. Der Bundesverband der Deutschen Banken hat sie 2012 in einer repräsentativen Umfrage ermittelt und dabei festgestellt, dass sich magere 23 Prozent aller Deutschen überhaupt für Politik interessieren. Der achselzuckenden Mehrheit würde vermutlich gar nicht auffallen, wenn die Regierung beschlösse, sie ihrer demokratischen Rechte zu beschneiden, um den Aufbau eines europäischen Zentralstaates voranzutreiben, in dem es dann um die Haushaltshoheit der gewählten Parlamente geschehen wäre. Sprach doch Wolfgang Schäuble bereits von »altmodischen« Regierungsformen, die es durch eine europäische »Governance« abzulösen gelte, ohne dass die Öffentlichkeit den Minister beim Portepee gepackt und ihm gehörig den Marsch geblasen hätte. Weil sie zwar politisch unwissend sind, dies aber nicht eingestehen wollen, weder sich noch den anderen, trotten die Gleichgültigen den Propagandisten des politischen Mainstreams hinterher.

Dass das zur Anmaßung führt, darf nicht verwundern. Die tatsächliche oder angenommene Unmündigkeit des Volkes hat den Ehrgeiz der Politiker stets befeuert. Tyrannen oder Diktatoren müssen sie deshalb noch lange nicht sein. Auch die Überzeugung, es besser zu verstehen als die dumpfe Masse, das Wissen, mehr zu überblicken, als sie überschauen mag, motiviert zu autoritärer Machtentfaltung. Schaden muss das keiner Seite. Vorausgesetzt, die Herrschenden schauen tatsächlich über den Tag hinaus, haben mehr im Blick als die eigene Schatulle oder die Belange ihrer Partei. Selbst die klügeren Köpfe des Volkes – Schriftsteller, Wissenschaftler, Philosophen – haben immer einmal wieder dafür votiert, die Führung der Gesellschaft in die Hände einzelner, herausragender Persönlichkeiten zu legen. Der deutsche Philosoph Georg Wilhelm Friedrich Hegel begrüßte Napoleon 1806, nach der Schlacht bei Jena und Auerstedt, als den »Weltgeist zu Pferde«. Dem Herrscher, der sich selbst gekrönt hatte, verdankt Europa den »Code Civil«, die Grundlage des Bürgerlichen Gesetzbuches, auf das wir uns heute berufen. Große Projekte, historische Umbrüche werden nicht unbedingt durch das große Palaver befördert. Insofern hat Robert Menasse durchaus Recht, wenn er sich in seinem Plädoyer für einen europäischen Zentralstaat fragt, »was eigentlich gewonnen wäre«, wenn der Brüsseler »Beamtenapparat in stärkere Abhängigkeit von klassischen demokratisch legitimierten Instanzen (den nationalen Regierungen) käme«. Nach allem, was wir selbst über den fortschreitenden Bildungsverfall in den Zeiten des Hedonismus gesagt haben, ist Menasses Sehnsucht nach der Führung Europas durch einen »aufgeklärten josephinischen Beamtenapparat« gar nicht so unverständlich. Es fragt sich nur, ob das Europa-Projekt nicht an sich schon ein Anachronismus ist, ein Rückfall in das überlebte Großmachtdenken dynastischer Epochen; und mehr noch muss man sich fragen, ob das verfolgte Ziel wirklich im Interesse der Völker liegt oder ob es sich dabei doch nur um eine Geschäftsidee des politischen Kartells handelt. Ihm eröffnet es in jedem Fall ganz neue Perspektiven: den Einstieg in die postdemokratische Epoche.

Auf dem Weg dahin sind wir bereits ein gutes Stück vorangeschritten. Europa ist längst zum Dogma geworden; und wie jedes Dogma wird auch dieses von einer Elite propagiert, die den Glauben an das einfordert, was vernünftiger Überprüfung nicht standhalten würde. Wo aber die Vernunft ins Hintertreffen gerät, ist der Demokratie die Basis entzogen. Glauben können die Menschen an Götter und deren Stellvertreter auf Erden, sogar an Kaiser und Könige, an Diktatoren mitunter, an alle, die über ihnen stehen. Da, wo die Bürger gemeinsam als Souverän an erster Stelle stehen, müssen sie in der Lage sein zu verstehen, was ihre Angestellten in der Politik treiben. Wenn sie sich aus dieser Verantwortung schleichen wie die Katze aus dem Haus, dann tanzen die Mäuse auf dem Tisch, dann gehen die Politiker mit dem Hab und Gut, das ihnen anvertraut wurde, um, wie sie es verstehen. Wozu das führt, zeigt die Euro-Krise. Überstanden ist sie noch lange nicht. Heraufbeschworen und losgetreten wurde sie von Politikern, die von der Volkswirtschaft so viel verstehen wie der Monopoly-Spieler vom Immobiliengeschäft.

»Es scheint nicht sicher«, schrieb Paul Kirchhof 2012 anlässlich der Abstimmung über den europäischen Stabilitätsmechanismus (ESM), »dass der Abgeordnete bei der Entscheidung über die neuen Verträge verschrobene Begriffe wie ›Finanzstabilitätsfaszilität‹, ›Stabilitätsmechanismus‹ oder einen Fachbegriff wie ›société anonyme‹ versteht, die Bedeutung der Verträge überschaut, ihre Fortwirkungen einschätzen kann. Für die Demokratie stellt sich damit die Frage, ob ein Volksvertreter, der das Volk im Wissen nicht zu vertreten mag, für das Volk entscheiden darf.« Kommt hinzu, dass auch das Volk nicht über das nötige Wissen verfügt, vieles nicht zu verstehen ist, die hochtrabenden Begriffe gebraucht werden, um Wissen vorzutäuschen. Der alte Trick der Dilettanten und ein kreuzgefährliches Hasardspiel, bei dem der Blinde mit dem Lahmen am Rande des Abgrunds wandelt. Keiner ist mehr in der Lage, das Geschehen zu beaufsichtigen, die Regierung handelt unkontrolliert. Man stelle sich das Gleiche in der Wirtschaft vor – Mercedes, VW, ThyssenKrupp, Siemens, die Telekom ohne Aufsichtsrat, beherrscht vom ungebändigten Ehrgeiz der Vorstände. Das Aktionärsgesetz würde sträflich verletzt, ein Unding! Nicht so in der Politik. Da verstaubt das Grundgesetz im Archiv. Es gilt das Gesetz der Macht: Wer handelt, hat Recht. »Die Entscheidungsmacht verschiebt sich«, so wiederum der Verfassungsrechtler Paul Kirchhof, »vom Parlament zur Exekutive. Aus der rationalen Gestaltung wird ein pragmatisches Funktionieren. Statt geregelt wird verhandelt, statt zum Wort gestanden, laviert, statt schonend ausgeglichen, pragmatisch balanciert. Die Parlamente wechseln von der Rolle des Entscheiders zum Beobachter.«

Und die Parlamentarier selbst, jeder für sich, wie verwinden sie die politische Kastration? Sie müssten sich als Spottgeburten betrachten, würden sie die Demokratie noch so ernst nehmen, wie es das Grundgesetz verlangt. Nur als Angehörige des politischen Kartells können sie sich das Gefühl bewahren, gebraucht zu werden und im Big Business mitzuspielen.

Sie sind, ob sie nun auf den gar nicht so harten Bänken der Opposition oder auf den Lehnstühlen der Regierung sitzen, die ersten Lobbyisten des politischen Betriebs. Sie müssen das Produkt an den Mann bringen. Je höher die Absatzzahlen, ablesbar an den Umfrageergebnissen der Politbarometer, desto besser haben sie ihren Job gemacht. Als ausgefuchste PR-Profis wissen sie, dass sich das, was niemand mehr verstehen kann oder will, noch allemal über den Bauch losschlagen lässt, verpackt als Versprechen oder als furchterregende Drohung. So wurde das Festhalten am Euro zu einer Frage von Krieg oder Frieden und Wohlstand oder Elend aufgebauscht. Das verfängt bei einer Vielzahl, die die Politiker wenigstens insofern repräsentieren, als beide Seiten kaum mehr über die Bildung verfügen, die sie zu vernünftiger Argumentation einerseits und zu kritischem Nachvollzug andererseits befähigte. Diese bittere Feststellung wird dem Autor zweifelsfrei als Arroganz angekreidet werden, obwohl sie doch nur aus der Einsicht resultiert, dass wir uns alle diese Jacke anziehen müssen, selbst wenn sie bei dem einen oder anderen noch etwas lockerer sitzen mag.

So weh sie auch tun mag, »die Wahrheit ist dem Menschen zumutbar«, sagte Ingeborg Bachmann 1959 in ihrer Dankesrede zur Verleihung des Hörspielpreises der Kriegsblinden. Eine simple Erkenntnis, die in unserem Zusammenhang zu der Einsicht zwingt, dass wir uns für dumm verkaufen lassen, Tag für Tag und mit einem Quark, für den uns der Lehrer früher hätte nachsitzen lassen. Oder wollte noch wer behaupten, aus den Worten der deutschen Regierungschefin spreche politische Klugheit, wenn sie mit staatstragender Geste erklärt: »Wir lassen nicht zu, dass Deutschland an die Wand gefahren wird.« Wer, bitte schön, sollte das vorhaben? Wer könnte es bewerkstelligen außer der Regierung, die sie anführt? Aber so tief darf man eben nicht schürfen. Die Dampfplauderer bieten das Entertainment, das die Gesellschaft erwartet. Bei der einen klingt das etwas verdruckst – die Leute mögen eine gewisse Bescheidenheit –, bei dem anderen wieder braust es mächtig. Die Worte verwirren sich surreal, wenn Peer Steinbrück erklärt: »Das ergibt sich aus den Vorrangigkeiten und vor allem den Nachrangigkeiten.« Ein Schelm, der jetzt fragen wollte, was sich denn nun woraus ergeben sollte. Die Antwort käme wie aus der Pistole geschossen: »Hätte, hätte, Fahrradkette!« Auch das ein Aperçu des sozialdemokratischen Kanzlerkandidaten aus dem Wahlkampf 2013.

Es ist zum Steinerweichen, auf welchem Niveau wir uns »anmachen« lassen. Halten uns die Herrschaften für blöd? Oder bekommen wir, was wir verdienen? Auf jeden Fall tragen wir Mitschuld an der Verwahrlosung der demokratischen Kultur. Den Verlust der intellektuellen Souveränität hat sich die Konsumgesellschaft mit sinkender Lernbereitschaft selbst eingehandelt. So armselig wie heute ist es nicht von Anfang an zugegangen. Der erste Bundespräsident nach dem Zweiten Weltkrieg war ein im Volke verwurzelter Homme de lettres mit politischer Erfahrung. Theodor Heuss, 1884 geboren, hatte neben der Nationalökonomie und den Staatswissenschaften Literatur, Geschichte und Kunstgeschichte studiert und über den Weinbau promoviert. Beim Trollinger saß er mit den Leuten im Gasthaus und verkehrte zugleich mit den Geistesgrößen seiner Zeit. In stilistisch glänzenden Essays kam er Schiller, Dante, Mörike, Büchner, Shakespeare, Cervantes, Lessing nahe. Die Politik hat er deshalb nie als Nebensache behandelt. Das eine fügte sich zum anderen. Obwohl er von Amts wegen nicht aktiv in die Politik eingreifen konnte, herrschte er »allein durch das, was er sagte«. Sein schwäbischer Landsmann, der Theaterkritiker Gerhard Stadelmaier, hat ihm das noch 2012 nachgerühmt, kurz bevor ein anderer Bundespräsident als die Inkarnation der Läppischen vorzeitig aus dem Amt scheiden musste. Der Gedenkartikel trug die bekennende Überschrift »Mein Bundespräsident«. Bis in die Gegenwart strahlt das Bild eines Mannes, der als erster Bürger seines Landes stets ein Gleicher unter Gleichen geblieben ist. Mit seinem bildungsgetragen Ethos nahm er das Land moralisch in die Pflicht und half so der Demokratie auf die Beine. Um sich Geltung zu verschaffen, musste er nicht als Politiker auftrumpfen. »Dieser Präsident«, schrieb Rudolf Augstein in seinem Nachruf 1963, »war, als der strengste Nichtheuchler im Land, eine moralische Figur.« Vielleicht wird man in späteren Jahren einmal Ähnliches von Joachim Gauck sagen, der die Sehnsucht nach der Demokratie vierzig Jahre in sich tragen musste, bevor er die Freiheit erleben durfte. Dann wird man freilich auch hinzufügen müssen, dass er erst im zweiten Anlauf und gegen den massiven Widerstand der regierenden Bundeskanzlerin in das Amt gelangte. Der Präsident ihres Herzens war ein anderer, der politische Gernegroß Christian Wulff. Vom Scheitel bis zur Sohle ein Mann des politischen Establishments, ein Geschöpf, das die Yellow Press als Wortführer der Konsumgesellschaft erledigen konnte, wie sie es geschaffen hatte, von heute auf morgen.

Christian Wulff reüssierte, weil ihm niemand zutraute, dass er, anders als sein Vorgänger, der international erfahrene Ökonom Horst Köhler, der Regierung mit eigenen Ideen ins Handwerk pfuschen könnte. Das Kanzleramt wusste, dass er glücklich ausgefüllt sein würde, wenn er in seinem Amtssitz, dem schönen Schloss Bellevue, spielen durfte. Gern lud er die Fotografen ein, ihn auf der Treppe des Hauses zusammen mit seiner jungen Frau zu fotografieren. Die Freude, die er dabei ausstrahle, wirkte echt. Der Mann machte eine gute Figur, so wie man es sonst bei »Königs« sieht, in den Reportagen des ARD-Adelsexperten Rolf Seelmann-Eggebert. Christian Wulff repräsentierte die Sehnsüchte und den Hedonismus der Boulevard-Gesellschaft, auch wenn er mit denen feierte, die ihm nicht alles, was er an ihren Tafeln genoss, sofort in Rechnung stellten. Dass er dann eben deshalb aus dem Amt gejagt wurde, entbehrt nicht einer gewissen Tragik. Schließlich haben die, die ihn an die Spitze des Staates wählten, nie erwartet, dass er ihnen als Sachwalter des demokratischen Gewissens auf die Finger sieht. Seine Art, das Amt zu nutzen, entsprach den Verhältnissen. Das bekam sein Nachfolger schnell zu spüren. Kaum dass die Euphorie, die der Kontrast der Persönlichkeiten ausgelöst hatte, verflogen war, begannen sich viele zu fragen, ob es richtig war, mit Joachim Gauck einen Moralisten des Demokratie zum ersten Bürger des Landes zu machen. Und in der Tat ist er wohl sehr viel weniger ein Gleicher unter Gleichen, als es Christian Wulff, der charmante Bruder Leichtfuß, war.

Nur für einen Moment ist die Gesellschaft über sich selbst erschrocken, als ans Licht kam, dass sie sich mit den Wulffs ein Society-Pärchen hatte vor die Nase setzen lassen. Der Begriff des Fremdschämens kam in Umlauf. Über Nacht mutierte der Präsident zum Hanswurst. Die Öffentlichkeit erregte sich über die »Beschädigung des Amtes« durch den Hochstapler. Fair war das nicht. Welcher Verfehlung sollte sich der Gescholtene bewusst sein? Sicher korrespondierte er nicht mehr wie weiland Theodor Heuss mit den großen Geistern, verkehrte stattdessen mit Rockern und Bikern, gelegentlich in den Kreisen des hannoverschen Hells-Angels-Präsidenten und erfolgreichen Bordellbetreibers Frank Hanebuth, aber taten das nicht andere Politiker ebenso, Sigmar Gabriel und Gerhard Schröder zum Beispiel? Haben sie nicht alle die

Puppen tanzen lassen? Da ist Christian Wulff keineswegs aus der Rolle gefallen. Seine Einzigartigkeit hat ihn nicht zu Fall gebracht. Über den Mitläufer brach es herein, weil die Gesellschaft allen Grund hat, sich in seinem Versagen selbst zu erkennen. Die Karriere, die er machte, verdankte der Politiker seiner Gewöhnlichkeit. Weil er das Ethos und die Bildung vermissen ließ, die andere hätten verunsichern können, ist er aufgestiegen, in der Partei, in der Politik überhaupt und als Bundespräsident aller Deutschen zu guter Letzt.

Als peinlich wurde er erst empfunden, als selbst den Skandälchen, über die er stolperte, jegliches Format fehlte. Plötzlich hatte die stärkste Wirtschaftsmacht Europas einen Bundespräsidenten, der sich für ein paar hundert Euro in die Ferien oder zum Bier einladen ließ. Piefke ganz groß. Das beschäftigte die Justiz und die Medien. Der tumbe Tor wurde nicht nur, wie es sich gehörte, hinauskomplimentiert, er musste Spießruten laufen. Die blamierte Gesellschaft kühlte ihr Mütchen. Unbeachtet blieb das Symptomatische der Wulff-Affäre: die Plünderung der Demokratie durch die »Banalfigur Mensch«, um nochmals mit Karl Heinz Bohrer zu sprechen. Der Parvenü hatte das Amt erstrebt, um sich als Privatmann entfalten, »selbstverwirklichen« zu können. Dass es ein Unterschied ist, ob jemand persönlich hinter einer Sache von allgemeiner Bedeutung steht oder ob er seinen persönlichen Wünschen und seinem Missgeschick politische Bedeutung gibt, konnte der Zögling der Konsumgesellschaft nicht mehr erkennen. Während die Euro-Krise die Verschuldung bereits in astronomische Höhen trieb, erklärte Bundespräsident Wulff seinen Landsleuten, den Tränen nahe, dass er nicht in einem Land leben wolle, in dem sich ein Politiker kein Geld mehr von Freunden borgen dürfe. Man rieb sich die Augen. Erstens hatte nie irgendwer ein ähnliches Verbot ausgesprochen und zweitens schien der Bundespräsident da einiges durcheinanderzubringen. Offensichtlich konnte er nicht zwischen seiner Wohnküche in Großburgwedel und dem Schloss Bellevue, seinem Berliner Amtssitz, unterscheiden. Die Privatsphäre begrenzte den geistigen Horizont des Politikers neuer Prägung.

Beispielhaft zeigt das Schicksal des gefallenen Blenders, wie das Zoon politikon, der Mensch als Gemeinschaftswesen, intellektuell verarmt und wie er sich selbst beschränkt, wenn er auf das unmittelbar Greifbare, auf die Macht und den materiellen Zugewinn fixiert bleibt, auf den Profit für sich oder die Partei, bei der er angeheuert hat. Wer das wenige, über das er verfügt, mit beiden Händen festhalten muss, weil er mehr nicht im Kopf hat, besitzt auch in der Politik nur eingeschränkte Handlungsfreiheit. Um an der Macht zu bleiben, muss sich die wackelige Herrschaft wie ein Maikäfer aufpumpen. Manchmal kippt das ins Lächerliche wie bei dem Versuch Christian Wulffs, die *Bild*-Zeitung zu bedrohen, überwiegend jedoch folgt der Hybris die Unterdrückung anderer, das Eingeständnis intellektueller Ohnmacht. Ein politisches Selbstbewusstsein, das zu souveränem Regieren befähigt, ergibt sich erst aus dem größeren Überblick, erst der Bezug auf die immateriellen Werte der bürgerlichen Gesellschaft berechtigt dazu, als Politiker im Namen dieser Gesellschaft zu sprechen und zu handeln. Wer dieses Pathos scheut, weil er sich die humanistische Bildung, die es erschließt, nicht aneignen konnte oder wollte, weil sie ihm womöglich nur wenig oder nichts bedeutet, sollte von der Politik ablassen und anderswo Karriere machen, in der Autoindustrie, im Ölgeschäft, oder wo sonst noch produziert wird, was sich verkaufen lässt. Tatsächlich fehlt es ja nicht an Männern, die nach ihrem Abschied aus der Politik wie befreit in der Wirtschaft aufgestiegen sind. Zuletzt machte der Sozialdemokrat Kurt Beck von sich reden. Wenige Monate, nachdem er das Amt des rheinland-pfälzischen Ministerpräsidenten aus gesundheitlichen Gründen niedergelegt hatte, trat er im Herbst 2013 als Lobbyist in die Dienste des Arzneimittelherstellers Boehringer Ingelheim. Die Eigentümer und der pensionierte Politiker kannten einander seit langem. Gut eingeführt scheint auch Joschka Fischer bei BMW zu sein, wo er zur Werbeikone aufsteigen konnte – für das Elektroauto versteht sich.

Den umgekehrten Weg, den von der Wirtschaft in die Politik, haben wenige eingeschlagen, und wenn, dann meist in vergangenen Zeiten. Der Industrielle Walther Rathenau, der die AEG aufbaute, war einer von ihnen. Überzeugt davon, dass die Freiheit des Bürgers einzig in der Demokratie gewährleistet sei, stellte er sich der Weimarer Republik zur Verfügung. Am 31. März 1922 wurde er ihr Außenminister; keine drei Monate später, am 24. Juli desselben Jahres, erschossen ihn rechtsextreme Nationalisten auf offener Straße. Es hat immer Mut dazu gehört, für die Demokratie um ihrer selbst willen einzustehen, sie gegen Versuche der Plünderung zu verteidigen. Die, die diesen Mut aufbrachten, bezogen die Kraft aus ihrer humanistischen Bildung, aus der Verfügbarkeit über den geschichtlich gewachsenen Wertekanon des bürgerlichen Gemeinwesens. Winston Churchill, britischer Premierminister von 1940 bis 1945 und von 1951 bis 1955, erhielt 1953 den Literaturnobelpreis »für seine Meisterschaft in der historischen und biographischen Darstellung sowie für die glänzende Redekunst, mit welcher er als Verteidiger von höchsten menschlichen Werten hervortritt«.

Nein, wir wollen uns jetzt nicht verführen lassen, die armen Teufel unserer politischen Gegenwart diesem Vergleich auszuliefern. Ihrer sprachlichen Verkrampfung sind wir ohnehin viel zu oft ausgesetzt. Weghören wäre aber auch keine Lösung. Denn das schlechte Beispiel, das sie bieten – im Oktober 2013 gelangte ein Brief der rheinland-pfälzischen Ministerpräsidentin Malu Dreyer an die Öffentlichkeit, in dem es vor Rechtschreibfehlern nur so wimmelte –, bleibt ja nicht wirkungslos. Die verschiedenen PISA-Studien haben es wiederholt belegt: Nicht nur die Kinder, auch die Erwachsenen beherrschen die deutsche Sprache mittlerweile unzureichend. Jeder sechste zwischen 16 und 45 liest nicht besser als ein Grundschulkind. Texte, die umfassendere Zusammenhänge mit Haupt- und Nebensätzen darstellen, werden nicht mehr verstanden, schon gar nicht von den Politikern. Für sie reduziert sich das Problem auf das einer sozialen Frage, dessen sie – parteiübergreifend – mit dem probaten Mittel der Umverteilung Herr werden wollen. Das anvisierte Ziel heißt »Bildungsgerechtigkeit«. Ein Euphemismus, hinter dem sich die forcierte Gleichmacherei auf niedrigstem Niveau verbirgt. Das Verfahren als solches verrät bereits, wie es um das Bildungsverständnis in der Politik bestellt ist. »Es ist doch völlig absurd«, schreibt der Erziehungswissenschaftler Klaus Zierer in einem Aufsatz über »Die missverstandene Bildungsgerechtigkeit«, »den Schwächeren damit helfen zu wollen, dass man die Stärkeren ihrer Möglichkeiten beraubt.«

Gefruchtet haben derartige Einwände bisher nicht; vielleicht sind sie zu kompliziert formuliert. Immerhin folgt in dem zitierten Beispiel auf den Hauptsatz eine Infinitivkonstruktion, der noch ein Nebensatz angehängt ist. Sich so auszudrücken will in der Schule gelernt sein. Hausaufgaben dienten bisher der Übung. Dagegen will die SPD jetzt vorgehen; Sigmar Gabriel hat sich der Sache persönlich angenommen. Denn es sei ungerecht, »dass Eltern, die Akademiker sind, bei der höheren Schulbildung einfacher helfen können als Eltern, die nicht studiert haben«. Noch einmal, damit es sich einprägt: Weil sie diejenigen benachteiligten, deren Eltern die Hausaufgaben nicht überprüfen können, sollen sie gleich ganz abgeschafft werden. Die Schnapsidee eines weinseligen Abends? Weit gefehlt. Das Verfahren ist »systemimmanent«; es entspricht dem Ideal der egalisierten Gesellschaft. Forderungen, denen nicht einer wie der andere genügen könnte, was dann wiederum zur Ausprägung eigenständiger Persönlichkeiten führen würde, werden programmatisch fallengelassen. Nur der Verzicht auf das Wissen erlaubt es, »Bildungsgerechtigkeit par ordre du mufti« herzustellen. Um keine schlechten Zensuren vergeben zu müssen, werden Zensuren überhaupt als eine bösartige Erfindung der Rohrstock-Schule verteufelt. Um nicht jene zurückzulassen, denen das Erlernen der Rechtschreibung schwerer fällt, entfällt an vielen Schulen der Rechtschreibunterricht in den ersten Klassen. Ausgestattet mit einer »Anlauttabelle«, kann jedes Kind seine eigene phonetische Schreibweise entwickeln. In einem Bericht darüber zitierte der *Spiegel* 2013 den Brief eines Mädchens, das ihrer Freundin schrieb: »Libe Elke. wir haben Den Zoo aus Pape gmahct unt wir Haben Plastik Tire zumbeischbil Lamas wir heisluftpistole gmahct und einen kjos Die Lamas schbilen uno uno die Roben kinder sint im Wasr Die krokodile Lesen Dort Gips keine Fögel Unser Zoo hat aur file zepras Das Girfen kint schdet im Futer Napf Die kengros Ligen über Nander Von Tanja.« Was mag Elke davon verstanden haben? Und was kann Tanja verstehen, wenn sie einen Brief bekommt, der so verfasst ist, wie es die Rechtschreibung verlangt, mit Punkt und Komma?

Was Hänschen nicht lernt, lernt Hans nimmermehr. Kinder, die so an die Sprache herangeführt werden, bleiben ihr Leben lang sprachbehindert. Wie sollen sie als Erwachsene in der Lage sein, sich selbständig ein Bild von der Politik zu machen, wenn sie lesend nicht mehr verstehen können, was ihnen von dieser oder jener Seite angeboten wird? Von vornherein sind sie dazu verdammt, jedermann alles zu glauben oder gleich völlig abzuschalten. Politiker, die das nicht sehen wollen, rechnen, bewusst oder unbewusst, gar nicht mehr mit der intelligenten Teilhabe der Bürger an der Demokratie. Wo das Erlernen der Kulturtechniken, die wir beherrschen müssen, wenn wir erwachsen und mündig werden wollen, als Überforderung angesehen wird, wird uns die Vernunft nicht mehr zugetraut, Selbständigkeit nicht zugestanden. Die »verbreitete Phrase, man müsse die Leute ›dort abholen, wo sie sind‹, ist im Kern zynisch«, sagt der Heidelberger Germanist Roland Reuß: »Sie setzt die Dumpf- und Dummheit der Abzuholenden voraus – und bei den Abholenden als Haltung die Simulation von Großzügigkeit, der Sache nach Herablassung.« Die Obrigkeit denkt für den Bürger. Es entsteht das politische Kartell, die Dynastie der Mächtigen, deren Geschäfte, Intrigen und Tragödien wir als staunende Zuschauer miterleben dürfen wie einstmals die Geschichten der Ewings auf der Southfork Ranch in der TV-Serie »Dallas«.

Als im Oktober 2013 in Berlin die Verhandlungen über die Bildung einer großen Koalition begannen, ging es bei der Vorfahrt der Vertreter von CDU, CSU und SPD zu wie auf dem roten Teppich bei der Berlinale. Über den Köpfen schwebten die Mikrofone, rundum drängten sich Fotografen und Kameraleute. Die Darsteller reagierten auf Zuruf. Es wurde gelächelt und gewunken. Immer die gleichen Bilder, mal vor dieser, mal vor jener Parteizentrale. Smalltalk zum Mitschneiden: »Hallo, Herr Gabriel!«, »Schönes Wetter, gute Stimmung – da kann nix schief gehen.« Über Monate lief die Show in zwölf »Arbeitsgruppen«, vier »Unterarbeitsgruppen«, einer

»Steuerungsrunde« und der »großen Runde«, in der sich 75 (!) Teilnehmer intensiv austauschten. Gruppenfotos mit Damen Tag für Tag. Ganz großes Kino. Der Deutsche Fernsehpreis, dessen Annahme Marcel Reich-Ranicki 2008 ablehnte, geht in der Kategorie »Bester Mehrteiler« demnächst an das Team der Koalitionsverhandlungen. Thomas Gottschalk sollte ihn überreichen.

Die Demokratie verkommt zur Telenovela. Es geht nicht mehr um die Sache, um politischen Inhalt, sondern um die Personen, die Popstars, die das Fernsehen braucht, um mit Unterhaltung Quote zu machen. »Berichterstattung zum Einschlafen«, »höfische Huldigung«, nannte das *Cicero*, das *Magazin für politische Bildung*, nach einer Dokumentation über Angela Merkel. Der Film war so informativ wie der Auftritt des ehemaligen TV-Kommissars Charles M. Huber in seiner neuen Rolle als Darmstädter Spitzenkandidat der CDU auf einer chromblitzenden Harley-Davidson. Politik in den Zeiten des Hedonismus, kurz vor dem Crash. Deutschland, Österreich, Frankreich, Italien, Griechenland, Ost- und Mitteleuropa, die westliche zivilisierte Welt, die geplünderten Demokratien erleben den Vorabend gesellschaftlicher Umbrüche. Das Publikum wird unruhig. Vereinzelt proben die Bürger den Aufstand: unser letztes Kapitel.

Bürger proben den Aufstand
Die Entdeckung der wehrhaften Demokratie

»Das Land war damals in zwei Hälften oder vielmehr in zwei ungleiche Zonen gespalten. In der oberen, die sich selbst das ganze politische Leben der Nation vorbehielt, herrschten nichts als Lustlosigkeit, Unfähigkeit, Unbeweglichkeit, Langeweile; in der unteren dagegen begann sich das politische Leben in fiebrigen, regelwidrigen Symptomen zu zeigen, die der aufmerksame Beobachter leicht zu erkennen vermochte.« Richtig, möchte man sagen, genauso könnte es die Geschichtsschreibung sehen, wenn sie einst auf unsere Tage blickt. Doch wir haben das Zitat nicht erfunden, um den Zeitläuften vorzugreifen. Es entstammt der Mitte des 19. Jahrhunderts, nachzulesen in den »Erinnerungen« des Historikers Alexis de Tocqueville (1805 bis 1859). Der liberale Denker, der als Begründer der vergleichenden Politikwissenschaft in die Geistesgeschichte eingehen sollte, wusste, wovon er sprach. Ein knappes Jahrzehnt lang, von 1839 bis 1848, hatte er die Opposition im französischen Parlament vertreten und erlebt, wie Skandale und Korruptionsaffären das politische Leben unter dem »Bürgerkönig« Louis-Philippe bestimmten. Zur Ideologie erhoben, korrumpierte der Wohlstand die Bürger. Ausgegeben war die Parole »Bereichert euch!«. Der dicke König, gern als Birne karikiert, wurde zum Symbol einer Gesellschaft, die auf dem Vulkan tanzte. Im Rausch entging ihr, was sich zusammenbraute. »Merken Sie«, rief Alexis de Tocqueville den Abgeordneten Frankreichs am 28. Januar 1848 zu, »den Revolutionssturm nicht, der in der Luft liegt?« Kaum einen Monat darauf tobte die Februarrevolution auf den Pariser Straßen;

Louis-Philippe und sein Gefolge mussten das Weite suchen. In Deutschland und Österreich folgten die Märzrevolutionen. Die Franzosen proklamierten ihre Zweite Republik.

Über Nacht veränderte sich die politische Landschaft; nicht bloß unter der Trikolore begannen sich neue Kräfte zu versammeln. Weil sie ihr eigenes Dasein bereits mit der Ewigkeit verwechselten, wurden die Mächtigen von der Geschichte kalt erwischt – damals. Und heute? Was erleben wir selbst gerade? Wie reagiert das politische Establishment derzeit auf »die regelwidrigen Symptome« der Gegenwart, auf die Piraten, auf Occupy und Blockyoupy, auf die eurokritische Alternative für Deutschland (AfD), auf die Wutbürger, die es leid sind, sich für dumm verkaufen zu lassen? Das alles sei nur ein Sturm im Wasserglas, der Aufstand von »Clowns«, die nicht begriffen hätten, dass Politik professionell betrieben werden müsse, versichern uns die Merkels, die Steinbrücks, die Gabriels, die Lindners, die Junckers, die Van Rompuys, die Hollandes, die Fischers, die Stoibers, die Cohn-Bendits unisono, knallrote und altrosa gefärbte Sozis, Liberale mit und ohne Milchbart, Grüne und Schwarze, die schon immer wussten: Mia san mia! Uns kann keiner, was wären die Menschen ohne uns. Horst Seehofer, bayerischer Ministerpräsident und Chef der CSU, lebe ganz in dem Bewusstsein, selbst »das Volk« zu sein, schrieb die *Frankfurter Allgemeine Zeitung* nach den Wahlen im September 2013. Tatsächlich nimmt er sich zusehends wie das Abbild des Bürgerkönigs von anno Tobak aus. Einmal an die Macht gelangt, fallen die Politiker aus Raum und Zeit. Als es um die Einführung der Euro-Bonds ging, um Staatsanleihen der Euro-Staaten, erklärte die deutsche Bundeskanzlerin, dazu würde es nicht kommen, »solange sie lebe«. Was ihr im Eifer des Gefechts entfuhr, verriet, dass sie sich eine Abberufung von der Entscheidungsebene nur durch den Gevatter Tod vorstellen kann. Gewiss, ganz so dramatisch hat es Angela Merkel nicht gemeint. Selbst der politische Gegner wollte das so ernst nicht nehmen und hat ihr eilfertig »ein langes Leben« gewünscht. Festzuhalten bleibt gleichwohl die Fixierung der Politiker auf ihre persönliche Bedeutung. Als Angehörige des politischen Kartells verstehen sie sich sozusagen als »alternativlos«, um in der Terminologie des Gewerbes zu bleiben.

Dieses Sendungsbewusstsein mag bis zu einem gewissen Grad notwendig sein, um mit Überzeugung etwas durchsetzen zu können, zugleich aber schlägt es diejenigen mit Blindheit, die sich darin wiegen. Geblendet von ihrer Hybris, übersehen sie die drohende Gefahr. Die Illusion mutiert zur Realität; Luftschlösser wachsen in den Himmel. Wer darüber den Kopf schüttelt, wird mitleidig übersehen, bisweilen hochnäsig abgefertigt. Als Marietta Slomka den SPD-Chef Sigmar Gabriel am 28. November 2013 im »heute-journal« zu fragen wagte, ob es verfassungsmäßig sei, wenn die Mitglieder einer Partei, der SPD, in einer Befragung über das Zustandekommen einer Regierung entscheiden, bekam sie von Gabriel zu hören, dass sie »Quatsch« und »Blödsinn« rede. Wer nicht akklamiert, wird intellektuell disqualifiziert.

Die Überzeugten sind nicht mehr von dieser Welt. Sie erschaffen sich den Apparat, der sie einerseits bestärkt und mit dem sie andererseits in eine gefährliche Isolation geraten. So spielen sie in Brüssel unverdrossen Europa, ohne zu bemerken, dass ihnen die Völker von der Fahne gehen, während in Berlin die große Koalition tanzt wie der Wiener Kongress vorzeiten. Freudetrunken lagen sich christliche und soziale Demokraten gleich nach der Bundestagswahl im Herbst 2013 in den Armen. Wie von George Grosz gezeichnet wirkten die Bilder, die das Publikum zu sehen bekam, Gesichter der Macht, die es krachen lassen wollten. Die neureiche Bourgeoisie des politischen Kartells, die Taschen vollgestopft mit Schuldscheinen. Ihr Schacher um Posten und Etats gestaltete sich zum Medienereignis. Milliarden wurden verteilt und Wohltaten in Aussicht gestellt, als ob uns das Wasser nicht schon bis zum Hals stünde. Sigmar Gabriel freute sich über »den Spaß am Spaß, den die Politik machen kann«. Ausgelassen zelebrierten die Parteien ihren Realitätsverlust; fröhlich setzten sie auf die weitere Befeuerung des Wachstums, ohne dass von irgendeiner Seite bemerkt worden wäre, wie die Bürger an der Möglichkeit und dem Sinn fortdauernden Wachstums zu zweifeln beginnen.

Zwar erwarten wir nach wie vor eine immer weitere Verbesserung unserer Lebensverhältnisse, und für einen Großteil manifestiert sich das unverändert in materiellem Zugewinn, doch wächst zugleich eine Opposition, die befürchtet, dabei menschlich, geistig-kulturell und demokratisch zu verarmen. Für sie umfasst der Wohlstand mehr, als die konsumorientierte Politik zu organisieren vermag. Dass auf die diversen Wahlversprechen ohnehin nichts zu geben ist, hat sich mittlerweile bis in die Ortsvereine der SPD herumgesprochen; nicht nur ihre Basis zerbröselt zusehends. »Die Parteien drohen zu mitgliedsarmen Kartellen mit monopolistischem parlamentarischem Repräsentationsanspruch zu verkommen«, sagt Wolfang Merkel, kein Verwandter der deutschen Kanzlerin, sondern Direktor der Abteilung »Demokratie« am Wissenschaftszentrum Berlin. Aus den Daten, die die Forscher zusammengetragen haben, folgt, dass dem etablierten Politikbetrieb die Bedeutung, die er sich anmaßt, schon lange nicht mehr zukommt. In Mecklenburg-Vorpommern zählt der Landesverband der regierenden Sozialdemokraten keine dreitausend Mitglieder. Die Parteien werden eher aus Gewohnheit ertragen, mangels organisatorisch zuverlässiger Alternativen.

Über Jahrzehnte hat das politische Kartell ein Geschäftsmodell entwickelt und mit lang anhaltendem Erfolg gepflegt,
das schlichtweg nicht zukunftstauglich ist. Nachzurühmen
bleibt ihm gleichwohl die politische Organisation der Konsumgesellschaft. Mit ihr sind die Parteien, auch noch die Grünen, vielleicht sogar die Linkspartei, zu einer Größe heran-
gewachsen, die sich den notwendigen Reformen nunmehr
zu widersetzen scheint. Dass die vorrangige Ausrichtung der
Politik auf die Erhöhung des materiellen Lebensstandards
einmal zum Problem werden könnte, mag der Historiker
Helmut Kohl schon geahnt haben, als er im Bundestagswahl-
kampf 1980 – damals noch in der Rolle des Oppositionsfüh-
rers – eine »geistig moralische Wende« anmahnte. Das Gleiche wollte Bundespräsident Roman Herzog anstoßen, als er
1997 verlangte: »Durch Deutschland muss ein Ruck gehen.«
Beiden Anläufen war kein Erfolg beschieden. Die Appelle verhallten, mehr noch, ihr Pathos provozierte beißenden Spott.
Nicht einmal in der eigenen Partei, in der CDU, stießen die
Politiker damit auf besondere Zustimmung. Der einmal ein-
geschlagene Weg war zu erfolgversprechend, als dass man ihn
hätte verlassen können, ohne dafür vom Wähler abgestraft zu
werden. Gemeinsam mit den Parteien hatten sich die Menschen daran gewöhnt, das notwendige Selbstbewusstsein aus
dem steigenden Konsum zu beziehen. Über die gesellschaftliche Verschuldung, die das nach sich zog, wollte noch niemand nachdenken, erst recht nicht nach der deutschen Wiedervereinigung, obwohl sie keineswegs die Ursache allen
Schuldenübels war. In Österreich, in Frankreich, in Italien, im
gesamten Westen wurden die Volkswirtschaften genauso an
den Rand des Abgrunds manövriert.

Wo diese Erkenntnis heute durchsickert, bilden sich Zellen
des Widerstands; Wutbürger und Piraten tragen ihren Protest

auf die Straße. Die Anlässe sind meist spezielle. Einmal geht es um ein größenwahnsinniges Bauprojekt wie in Stuttgart, einmal um die Zerstörung einer Parkanlage wie in Istanbul oder um die Globalisierung wie in Frankfurt, in London oder in Paris. Immer aber handelt es sich um einen Aufstand gegen das politische Establishment: Zusehends wächst die Zahl derer, die sich von ihm nicht vertreten, sondern bevormundet fühlen. Im April 2012 veröffentlichte der *Spiegel* eine Umfrage, in der sich zwei Drittel von eintausend befragten Bürgern wünschten, die »Abgeordneten sollten unabhängiger von der Parteipolitik sein«. Das Votum war eindeutig. Und es hilft den programmatisch überalterten Parteien wenig, wenn sie die Aufsässigen des linken oder des rechten Radikalismus verdächtigen. Damit haben sich schon andere zuvor vergebens zu behaupten versucht, die Kommunisten zuletzt. Wer die eigene Politik zum Dogma erhebt, indem er sie für »alternativlos« erklärt, verhöhnt die Demokratie. Weil sie sich auf die Ideologie des Wachstums versteiften, haben die Mandatsträger der Wohlstandsgesellschaft im wahrsten Sinne des Wortes abgewirtschaftet. Um die Wahlversprechen, mit denen sie an die Macht gelangten, einlösen zu können, müssen sie bei den Wählern anschreiben lassen. Um sich für die Verbesserung der Mütterrente feiern zu lassen, verweigern die Politiker den Beitragszahlern die gesetzlich vorgeschriebene Rückerstattung dessen, was sie zu viel eingezahlt haben. Ihren Zugewinn können die Mütter den Kindern ja dann wieder zustecken zu Weihnachten, zu Ostern oder zum Geburtstag. Eine Farce ohnegleichen. Statt ihm das Gefühl der Sicherheit zu geben, führen die Politiker den Bürger an der Nase herum. Der deutsche Finanzminister gefällt sich in der Bemerkung, dass die Schulden »hoffentlich nie« zurückgezahlt werden, was wiederum bedeutet, dass wir in ewiger Schuldhaft bleiben sollen, der erschwindelte Profit den Einzelnen mehr und mehr an die Kette legt. Die Demokratie der Parteien verliert ihre Glaubwürdigkeit.

Obwohl für 85 Prozent der Deutschen Demokratie und Freiheit besonders wichtig sind, kann jeder Zweite keine etablierte Partei nennen, der er sich deshalb besonders verbunden fühlen würde. Mit anderen Worten, weder CDU/CSU noch FDP, noch SPD, Grüne oder Linke werden als Sachwalter der Demokratie angesehen. Eher schon werden die Parteien mit wirtschaftlichem Wachstum in Verbindung gebracht, das aber als Indikator für »Wohlstand und Wohlbefinden« langsam eine untergeordnete Rolle spielt. Lediglich 32 Prozent von eintausend repräsentativ Befragten halten die Steigerung des Bruttoinlandsprodukts (BIP) noch für besonders wichtig. Früher, zumal in den von Helmut Kohl gern als Augusteisches Zeitalter bezeichneten achtziger und neunziger Jahren des vorigen Jahrhunderts, galt dieser Wert als die entscheidende Orientierungsgröße bürgerlicher Zufriedenheit. Mit geschickter Demoskopie lässt sich alles irgendwie beweisen, gewiss. Wenn aber die Umfragen mehrerer Institute zu vergleichbaren Ergebnissen gelangen, dann darf zweifelsfrei von einer Trendwende gesprochen werden. »Die neuen Statussymbole sind nicht käuflich«, schrieb die *Welt am Sonntag* im August 2013, was die Politik nicht davon abhielt, bei der kurz darauf folgenden Bundestagswahl abermals auf die Käuflichkeit der Wähler zu setzen.

Um die ganze Tragweite dessen zu ermessen, was sich da abzeichnet, muss man noch ein zweites hinzunehmen: das wachsende ehrenamtliche Engagement. 580 000 Vereine registrierte der Stifterverband für die Deutsche Wissenschaft 2013, siebenmal mehr als noch fünfzig Jahre zuvor, wobei das traditionelle Übergewicht der Sport- und Freizeitvereine deutlich abnimmt. Überproportional steigt die Zahl der Neugründungen in den Bereichen Gesundheit, Bildung und Erziehung sowie bei den sozialen Diensten. Die Wissenschaftler sprechen von einem »neuen Muster der gesellschaftlichen Selbstorganisation«. Ob das zutrifft, bleibt abzuwarten. Fürs Erste genügt es, festzuhalten, dass die Bereitschaft zum bürgerschaftlichen Einsatz steigt. Immer mehr Menschen wollen Verantwortung in der Gemeinschaft übernehmen. Von der häufig konstatierten Politikverdrossenheit kann keine Rede sein. Vielmehr ist eine ausgeprägte Politiker- und Parteienverdrossenheit zu vermerken. Dies und die Zunahme des ehrenamtlichen Engagements sind zwei Seiten einer Medaille. Auf die Frage, »wie zukunftsfähig ist die Demokratie?«, antwortete der Zukunftsforscher Horst W. Opaschowski 2013: »Politiker leiden unter Vertrauensverlust. Parteien verlieren an Bedeutung. Nichtwähler werden zur stärksten politischen Kraft. Es zeichnet sich heute schon eine Entmachtung der Parteien ab, während gleichzeitig bundesweit Volksinitiativen, Volksbegehren und Volksentscheide immer alltäglicher werden. Die Bürger werden selbstbewusster und wollen Politik mitgestalten. Damit kehrt die Demokratie zu ihren Wurzeln zurück.« Heißt: Die Bürger besinnen sich auf ihre Macht. Von der Basis her, ausgehend von ihrem unmittelbaren Erfahrungsbereich, wollen sie die Gesellschaft demokratisch gestalten und dabei alle Rechte in Anspruch nehmen, die das Grundgesetz dem Volk als Souverän garantiert, also auch »das Recht zum Widerstand, wenn andere Abhilfe nicht möglich ist«.

Jede Demokratie sollte sich glücklich schätzen, wenn ihre Bürger noch oder wieder bereit sind, auf die Barrikaden zu steigen – »gegen jeden«, so wieder das deutsche Grundgesetz Artikel 20, Absatz 4, »der es unternimmt, diese Ordnung zu beseitigen«. Und jeder, das kann eben auch ein Politiker, eine

Regierung oder eine Partei sein, wenn er oder sie sich an der Demokratie vergreifen, gedankenlos, ideologisch verblendet oder in der Überzeugung, kraft des Amtes über dem Recht zu stehen. Wer sich dann, wie in Stuttgart unter christdemokratischer Herrschaft geschehen, ermächtigt fühlt, die Demonstranten mit Wasserwerfern von der Straße zu fegen, sollte froh sein, wenn er seinerseits mit einem blauen Auge, der Entlassung aus dem Amt, davonkommt. Dass derartige Übergriffe in aller Regel keine strafrechtliche Verfolgung nach sich ziehen, zählt nicht eben zu den rühmlichen Gewohnheiten der freiheitlich verfassten Staaten. Solange sie selbst keine Gewalt ausüben, ist das Recht immer bei denen, die sich zum Widerstand aufraffen. Sie halten die Hand über die Demokratie. Rund um den Istanbuler Taksim-Platz hatten die Aktivisten Flugblätter verteilt, die die Demonstranten ermahnten, nichts kaputt zu machen.

Anders als die später geläuterten Molotow-Helden aus dem Frankfurter Westend früherer Zeiten, die KBW- und Mao-Aktivisten der APO, haben die Wutbürger unserer Tage bisher nie Hand an die Demokratie gelegt. Sie wollen keine neue Gesellschaft schaffen, sondern die alte retten, bevor sie endgültig in die Hand von Berufspolitikern fällt, die vor allem anderen »Führungsstärke« zeigen müssen, um zunächst in der Firma, sprich in dieser oder jener Partei, und dann im Kartell aufzusteigen. Ihr Geschick beweist sich in der Machtausübung an sich. Wenn sie die Menschen nicht in den Griff bekommen, steht ihre Professionalität in Frage. Als der britische Premierminister David Cameron im Sommer 2013 seine Absicht, militärisch in den Syrien-Konflikt einzugreifen, aufgeben musste, weil das Parlament und die Mehrheit des Volkes das ablehnten, sagte der Moderator der ARD-Tagesthemen, Thomas Roth, der Regierungschef sei von den Abgeordneten

»gedemütigt« worden. Von einer »Ohrfeige«, die er sich eingefangen habe, von »Camerons Desaster« und einer »blamablen Niederlage« war in der Presse zu lesen. Dabei hatte der Mann lediglich dem Willen seines Souveräns entsprochen; er hat das Selbstverständliche getan, das, wozu die Demokratie jeden Politiker verpflichtet.

Wie nötig es ist, daran zu erinnern, haben die »Wutbürger« erkannt. In wachsender Zahl versuchen sie der Demokratie wieder Respekt zu verschaffen, indem sie selbstbewusst und wehrhaft für ihre bedrohten Rechte eintreten, spontan und nur allzu oft mangelhaft organisiert, aber doch ohne einen totalitären Anspruch, der jegliche Mittel rechtfertigen würde. Weder bilden sie einen schwarzen Block noch sind sie vermummt. Keine uniformierte Masse marschiert da auf. Eher schon formiert sich ein bunter Haufen, Frauen und Männer unterschiedlichen Alters, vom Schüler bis zum Pensionär, Freiberufler, Angestellte, Ärzte, Facharbeiter, Ingenieure, die Gesellschaft im Querschnitt. Der neue Anarchismus ist ein bürgerlich demokratischer, ein Aufstand der Selbsthelfer gegen die politische Entmündigung durch das Kartell der Parteien. Gleich, ob sie gegen eine neue Landebahn, gegen einen überteuerten Bahnhof, eine unsinnige Schulreform oder für den Schutz der Natur, für ein besseres Bildungsangebot demonstrieren, immer verlangen sie ein Mitspracherecht bei dem, was sie angeht. Nicht mehr und nicht weniger und in Frankfurt am Main nicht anders als in Rio de Janeiro, wo im Sommer 2013 die Jugendlichen zu Tausenden aufmarschierten – für eine bessere Bildung und gegen eine Fußballweltmeisterschaft, die das aufstrebende Land Milliarden kostet. Sie alle haben »das Handeln an der Basis der demokratischen Willensbildung neu für sich entdeckt«, wie die *Frankfurter Allgemeine Zeitung* im Februar 2013 schrieb.

Die Wirklichkeit, über die sich die Politik durch die Zusammenfassung der Macht auf höheren Ebenen erheben wollte, macht ihr einen Strich durch die Rechnung. Je weiter sie auf dem Weg hin zu einem europäischen Großreich voranschreitet, desto mehr entfernt sie sich von den Gesellschaften, auf deren Alimente sie angewiesen ist. Zwar würde Brüssel mit der Aneignung nationaler Hoheitsrechte ungeahnte, weil demokratisch nicht kontrollierbare Gestaltungsräume gewinnen (davon war im dritten Kapitel dieses Buches ausführlich die Rede), doch zöge das eine autoritäre Machtentfaltung nach sich, die den Sturm der Revolution entfachte. Dass sie die aufziehende Gefahr nicht bemerken, zeigt, wie hoffnungslos sich diese Euromantiker bereits im Elfenbeinturm ihrer Illusionen eingemauert haben. Sicher, es brennt noch nicht an allen Ecken, die Proteste flammen spontan und vereinzelt auf. Niemand kann sich vorstellen, wie es sein würde, wenn wir wieder ohne den Euro auskommen müssten. Selbst seine schärfsten Kritiker wissen da keine Antwort, und diejenigen, die eine anbieten, malen Horrorszenarien, um den Status quo zu zementieren. »Alle Überlegungen, was im Fall des Falles passieren würde, sind Spekulationen, die auf computergenerierten Modellen, Extrapolationen und Panik-Szenarios beruhen«, schreibt Henryk M. Broder am Ende seines Buches über »Die letzten Tage von Europa«. Geschichte lässt sich nicht vorhersagen, man kann bloß erkennen oder eben verdrängen, dass die bestehenden Zustände eine Bedrohung darstellen. So war es 1789, als der Adel nicht wahrhaben wollte, dass er dem Volk nur noch auf der Tasche lag, und 1848, als man noch wenige Wochen vor dem Zusammenbruch des »Bürgerkönigtums« den Kopf über die Warnungen eines Alexis de Tocqueville schüttelte, so wie die Euro-Kritiker heute als finstere Nationalisten abgekanzelt werden, obwohl der Anteil der Deutschen, die an der Funktionsfähigkeit der EU zweifeln, innerhalb der letzten fünf Jahre von 36 auf nahezu sechzig Prozent angestiegen ist. In Spanien waren es Anfang 2013 sogar 72 Prozent, die erklärten, mit der EU nichts am Hut zu haben. Kein Wunder bei einer Jugendarbeitslosigkeit von mittlerweile 55 Prozent.

Während die Beamten in ihren Brüsseler Büros die Einigung Europas mit den verschiedensten Verordnungen vorantreiben, zum Beispiel mit einer Vorschrift, die es den Gastwirten von Wien bis Bordeaux und von Kopenhagen bis Palermo untersagt, Olivenöl in Karaffen statt in der Handelsflasche auf den Tisch zu stellen, sind die Menschen in die entgegengesetzte Richtung aufgebrochen: weg aus dem babylonisch sprachverwirrten Vielvölkerkonglomerat zurück in die Länder, mehr noch in die Regionen. Deren kulturelle und sprachliche Eigenständigkeit versprechen Geborgenheit, ihre überschaubare Größe die selbstbewusste Teilhabe der Bürger an der Demokratie. Hier können sie das, was sie angeht, noch direkt beeinflussen und ihre Rechte persönlich wahrnehmen. Sie haben die Chance, ihre Gemeinschaft persönlich mitzugestalten. Das ist die Hoffnung der Iren, der Bretonen, der Katalanen, der Korsen, der Flamen und der Wallonen. Alle erheben sie Anspruch auf ein Höchstmaß an politischer Selbständigkeit. Selbst die Bayern könnten sich ein eigenes Außenministerium vorstellen. Alles Unsinn, reaktionäre Folklore, ein Rückfall in die Zeiten der Kleinstaaterei? Das wird oft unterstellt und trifft die Sache doch nicht. Weder wollen die Bayern König Ludwig aus dem Himmel zurückbeordern oder Passkontrollen an den Grenzen zu Hessen, Sachsen, Thüringen und Baden-Württemberg einführen, noch strebt irgendeine der genannten Regionen aus Europa heraus. Wie sollte das gehen? Unser Erdteil ist kein Puzzle, das sich in seine Einzelteile zerlegen lässt. So wurde nur der politische Kontinent zusammengesetzt: ein abstraktes Gebilde, in dem das Leben bürokratisch erstarrt. Um damit auszukommen, kann man zweierlei tun. Man kann den Apparat ignorieren, den ganzen Verein links liegen lassen und sich schwarz ärgern über die Vielzahl unsinniger, bisweilen dämlicher Verordnungen, die er produziert, um nur irgendetwas zu tun. So halten es die meisten. Oder man versucht wieder, für sich selbst einzustehen in politischen Einheiten, die sprachlich und kulturell so begrenzt sind, dass die Bürger einander noch verstehen und gemeinschaftlich ein Selbstbewusstsein entwickeln können, das es ihnen erlaubt, souverän mit den anderen zu verkehren – wirtschaftlich, politisch und kulturell. Das ist der Weg, den jene einschlagen, die die Demokratie wieder auf den festen Grund ihrer nationalen oder regionalen Identität stellen wollen. Separatisten sind sie so wenig wie die Wutbürger Terroristen sind. Beide haben sie nur dasselbe erkannt: Eine Demokratie, die man den Verwaltern überlässt, entartet zum Reglement. Auf europäischer Ebene liegt sie derzeit in der Hand von 28 installierten Kommissaren. Mit jedem weiteren Land, das sich der EU anschließt, kommt ein weiterer Kommissar hinzu. Aufgaben, die er übernehmen kann, werden sich schon finden. Der politische Kuhhandel macht es möglich. Ein demokratisches Wahlverfahren ist weder vorgesehen noch ließe es sich durchführen. Die Funktionärsparteien haben sich ein Biotop geschaffen, ohne dass sie für irgendetwas einstehen müssten, für keinen Entschluss, für keine Phrase, für nichts. Wenn es ernst wird, schiebt einer den anderen vors Loch, während das Meer die Leichen afrikanischer Flüchtlinge an die Ufer der EU schwemmt. Eine gute Gelegenheit, erneut über die europäische Einigung als humanitäre Aufgabe zu konferieren. Noch das eigene Versagen lässt sich nutzen, um sich und der Welt etwas vorzumachen.

Das politische Kartell hat sich eine Utopie unter den Nagel gerissen, die faszinierend war, auch verbindend wirkte, solange ihr jeder auf seine Weise nachstreben durfte. Zum Dogma erhoben, musste sie ihren Wert verlieren. Aus der »Erfindung der Dichter«, von der Heinrich Mann einst sprach, mit allem gebotenen Zweifel, ist das Projekt einer ehrgeizigen Machtelite geworden. Die Anziehungskraft, die es vorübergehend besaß, mag historisch verständlich sein, jedenfalls soweit es um Deutschland und um Österreich geht. Nach den deprimierenden Erfahrungen zweier Weltkriege zog es die nachwachsende Generation hinaus. Um der nationalen Begrenzung, die sie für die Quelle allen Übels hielten, zu entkommen, wollten sie weltläufiger leben, die Provinz hinter sich lassen und ein urbaneres Dasein führen, losgelöst von der Vergangenheit, heraus aus dem Schatten heimischer Heldendenkmale. »Mein Leben«, schreibt der 1954 geborene Robert Menasse in seinem Europa-Bekenntnis, »mein Leben war mir zu klein, zu eng, zu reglementiert, zu wenig urban.« Er wollte überall leben, am liebsten in der Anonymität der Metropolen. Dazu passte die Vision eines grenzenlosen Europa; sie entsprach dem Lebenshunger der aufbrechenden Konsumgesellschaft. Unterdessen ist das Reisen jedoch zur Selbstverständlichkeit geworden, zum Stress im beruflichen Alltag, zum Ritual im privaten. Die Grenzenlosigkeit hat ihre ideelle Bedeutung verloren. Europa verlockt nicht länger zur persönlichen Identifikation: Für die meisten ist es ein bürokratisches Monster, dem sie entfremdet, verunsichert, ratlos gegenüberstehen, von dem sie sich abwenden.

Von den Achtundsechzigern lustvoll zelebriert, wird die Bindungslosigkeit heute als Bedrohung empfunden. »Born to be wild« war gestern, die Steppenwölfe sind in die Jahre gekommen, froh, wenn sie irgendwo unterkriechen können, in der Familie, im Verein, im Kiez, da, wo die Nachkommen wieder nach der verlässlichen, der beherrschbaren Bindung suchen. Selbst in der Kleidung offenbart sich wieder eine gewisse Sehnsucht nach dem traditionell Vertrauten. Ohne den informellen Charakter der Mode überschätzen zu wollen, ist doch zu sehen, mit welchem Stolz seit einigen Jahren Trachten getragen werden, Dirndl, Janker und Lederhosen. Welcher halbwegs gebildete Zeitgenosse hätte es in den siebziger, achtziger und noch in den neunziger Jahren des zwanzigsten Jahrhunderts gewagt, so hinterwäldlerisch unter die Leute zu gehen, wenn er nicht gerade in Altötting oder Altaussee wohnte. Thomas Bernhard, der sich nie um den Zeitgeist scherte, wurden die Krachledernen, in feinster Machart, als ironischer Geniestreich nachgesehen. Die Männer des Fortschritts kramten sie allenfalls zum Karneval aus dem Kasten. Sonst trugen sie, womit man überall als Landsmann hätte durchgehen können. Die Espadrilles an den Füßen bewiesen, dass sie sich in der Welt auskannten; weit getragen haben sie keinen. So schön sie manchem auch schienen, die europäischen Blütenträume, ausreifen konnten sie nicht. Statt der versprochenen Gemeinschaft haben wir einen touristischen Freiraum bekommen, in dem die Menschen wie die Ameisen umherirren, vom Frühstück in Berlin zum Lunch in London, um dann am Abend zu erfahren, wie es sich anfühlt, wenn auf Capri die rote Sonne im Meer versinkt.

Wir können tun, was wir wollen, solange wir »die Menschen« bleiben und nicht als Bürger aufmucken. Wenn wir uns das herausnehmen, wenn es eine neue Partei wie die Alternative für Deutschland (AfD) gar wagt, die Einführung des Euro als einen Fehler zu bezeichnen, hört der Spaß auf. Gefragt, ob es nicht an der Zeit wäre, das Volk direkter an den Entscheidungen über die europäische Zukunft zu beteiligen, antwortete der frühere saarländische Ministerpräsident und heutige Verfassungsrichter Peter Müller 2013 auf einer Veranstaltung der Alfred Herrhausen Gesellschaft, des Think Tank der Deutschen Bank, er »halte« das Thema »kaum geeignet für eine Abstimmung«. Punktum! Mit der EU und der Demokratie verhält es sich wie mit der Sonne und dem Mond. Sie können zusammen nicht kommen. »Ein Pärchen werden sie nie. Nie! Nie!« sang die junge Conny Froboess.

Euro-Europa ist und bleibt das Werk einer politischen Upperclass, die sich zur Führung berufen fühlt, weil sie sich im Besitz der Wahrheit wähnt. Ideell gründet die Konstruktion auf dem linken Zeitgeist, dem weltbürgerlichen Selbstverständnis der Achtundsechziger. Die Tradition reicht zurück in die Arbeiterbewegung. Lange bevor die bürgerlichen Parteien begannen, erste Pläne für ein europäisches Großreich zu schmieden, hatte die Kommunisten mit der Gründung der Komintern ihre organisatorischen Vorkehrungen für den Aufbau eines Weltreichs der befreiten Arbeiterklasse getroffen: Proletarier aller Länder vereinigt euch! Das liberale und erst recht das konservative Bürgertum empfanden schon den Gedanken daran als eine Bedrohung der Freiheit. Dass dann ausgerechnet der Konservative Helmut Kohl den supranationalen Zusammenschluss an vorderster Stelle ins Werk setzte, und zwar als »Diktator«, wie er sich selbst nachrühmte, sollte nicht bloß als ein Treppenwitz der Geschichte in Erinnerung bleiben. Es belegt, dass der politische Betrieb, wo er der Kontrolle durch den Bürger entgleitet, nach ganz eigenen Regeln abläuft. Das ist eine Frage des Geschäfts, keine der Moral. Die Ziele, die die Berufspolitiker, Karrieristen wie Pflichtmenschen, zum Vorteil ihres Gewerbes verfolgen müssen, stiften die eigentlichen Koalitionen der Macht. Wo es um die Expansion des politischen Kartells geht, verlieren die Ideale ihre Bedeutung. Die Standpunkte, mit denen sich die Parteien voneinander abgrenzen, werden zur Nebensache. Der Erfolg der Politik erweist sich im schieren Wachstum ihrer alles beherrschenden Institutionen. Der Philosoph Rüdiger Safranski spricht von »den politischen Großprojekten, welche genau zu wissen meinen, wie der Mensch zu sein hat, und die ihr jeweiliges Menschenbild notfalls mit Gewalt für alle verpflichtend machen wollen«.

Es ist diese sanfte, sozial abgefederte, aber nichtsdestoweniger »totalitäre Vergewaltigung«, angesichts derer sich nicht nur Safranski fragen mag, ob wir noch in einer Demokratie leben, die dem Grundgesetz entspricht. Wo sie ihn nicht formulieren können, tragen die Bürger ihren Protest auf die Straße. Bei den verschiedensten Gelegenheiten bricht der Unmut urplötzlich aus, der Citoyen erwacht. Aus einer Demonstration gegen das Einebnen eines alten Parks – langsam schließt sich der Kreis unserer Überlegungen – kann schnell ein Prostest gegen die Beschränkung demokratischer Freiheiten überhaupt werden. Die Bürger wollen wieder mitreden. Der Wohlstand hat sie nicht zuletzt in dem Gefühl bestärkt, etwas darzustellen. Wer etwas hat, will auch etwas zu sagen haben. »Direkte Demokratie – jetzt!« forderten die Demonstranten auf der Straße, während die Parteien drinnen, im Konrad-Adenauer-Haus, ihren Koalitionsvertrag auskegelten. Dass die Einsprüche nicht durchweg so qualifiziert ausfallen, wie es die jeweilige Sache verlangt, fällt weniger ins Gewicht als der spürbare Gewinn an demokratischer Courage. Wo alle von allem etwas zu verstehen glauben, liegt es in der Natur der Sache, dass mancher den Mund zu voll nimmt. Besserwisserei folgt dem Zorn schnell auf dem Fuß. Alles richtig und Anlass genug, die vorgebrachten Argumente kritisch zu prüfen. Nicht immer haben die, die den Protest herausfordern, von vornherein Unrecht. Ebenso richtig ist aber, dass es an der Zeit ist, wieder stärkere demokratische Partizipation einzufordern.

Auf der europäischen Ebene werden wir uns darum vergeblich bemühen. Der funktionärsdemokratische Block kann nur allmählich in sich zusammenfallen, in dem Maße, in dem die Demokratie wiedererstarkt, aus den Regionen und den Ländern heraus. Wer die Festung zu Brüssel stürmen wollte, würde einen Pyrrhussieg erringen. Denn anders als die Bastille, die die Sansculotten 1789 einnahmen, sind die Verwaltungsgebäude der EU noch nicht verwaist. Mit dem Aufbau der Behörden wurden Zustände geschaffen, die ihren Erhalt bis zu einem gewissen Grad erfordern. Manches wird da als Instrument der Verwaltung überleben. Da Politik aber mehr sein sollte, nämlich die gemeinschaftlich getragene Willensbekundung der Bürger, werden wir wieder zu den Anfängen zurückfinden müssen. »Die Rückbindung an die Staatsvölker«, schrieb der Tübinger Philosoph Otfried Höffe am 23. April 2013 in der *Neuen Zürcher Zeitung*, »ist schon deshalb geboten, weil diese bzw. die Einzelstaaten es sind, die immer noch über das höchste Maß an konstitutionell-demokratischer Legitimation verfügen. Es sind die Leistungen der Einzelstaaten, die mittelbar und unmittelbar der qualifizierten Demokratie zugutekommen: Angefangen bei der Trennung von Staat und Gesellschaft, die wiederum der Autonomie der Individuen dient, über den verbreiteten materiellen Wohlstand und über die moderne Verwaltung bis zur Solidargemeinschaft in Form der gesetzlichen Sozialversicherungen ist jenes Fundament für Vertrauen, Kooperationsbereitschaft und Solidarität entstanden, das aus Untertanen veritable Bürger macht, also Personen, die sich füreinander verantwortlich fühlen.« Wie aber sollte sich jemand für etwas verantwortlich fühlen, wovon er sich keine Vorstellung zu machen vermag?

Wenn wir uns als Spender mit den Notleidenden in Afrika solidarisch erweisen, dann ist das moralisch geboten: ein Akt menschlichen Mitleids, mehr nicht. Davor, dass wir Verantwortung für die Verhältnisse übernehmen, unter denen die Menschen dort leiden, möge sie das Schicksal bewahren. Wohl ist die Völkergemeinschaft herausgefordert, Hilfe zu leisten, auch militärisch zu intervenieren, wenn es gilt, Diktatoren zum Teufel zu jagen, um der Barbarei Einhalt zu gebieten. Anders wären die Libyer Gaddafi nie losgeworden. Und es gereicht der deutschen Regierung gewiss nicht zur Ehre, dass sie hier den Schwanz eingekniffen und sich in die Büsche geschlagen hat. Was die Völker, haben sie ihre Unterdrücker abgeschüttelt, mit der gewonnenen Freiheit anfangen, bleibt aber in jedem Fall ihre Sache. Die westlichen Alliierten haben uns nach dem Zweiten Weltkrieg demokratisch auf die Sprünge geholfen, Verantwortung für die Politik der Republik, der bundesdeutschen wie der österreichischen, haben sie niemals übernommen. Das taten die Russen im Osten; wozu es führte, ist bekannt. Freiheit und Demokratie sind keine Exportartikel. Beides kann sich nur da entfalten, wo die Bürger ihre vertrauten und überschaubaren Verhältnisse selbst gestalten, genauso wie es ihrer Kultur, ihrer Sprache und ihren ökonomischen Möglichkeiten entspricht, an der Ostsee in Lettland anders als am Mittelmeer bei den Griechen. In beiden Ländern werden Fische gefangen, doch jeder organisiert das Geschäft, wie es seinen Verhältnissen entspricht. Der Hering ist keine Dorade. Ein allzu banaler Vergleich? Keinesfalls! Nur der Versuch, mit einem einfachen Bild an das zu erinnern, was das politische Kartell ausblendet, weil es die Fragwürdigkeit seines Expansionsstrebens offenbaren würde.

Bereits 1794, wenige Jahre nach der Französischen Revolution, fragte sich Christoph Martin Wieland in einem Aufsatz »Über Krieg und Frieden«, ob das Staatsgebiet der Franzosen nicht schon zu groß sei für eine »demokratische Republik«. Sie schien ihm gesicherter, wenn Frankreich territorial schrumpfen würde. Es sollte, riet er, die Gebiete von Elsass und Lothringen wieder abgeben. Der Aufklärer sprach nicht, wie mancher unterdessen vielleicht annehmen möchte, im Namen des deutschen Adels. Wie Goethe ernannten ihn die Franzosen zum »Ritter der Ehrenlegion«. In ihrer Revolution hatte er das Wetterleuchten der Zukunft gesehen, zugleich aber auch erkannt, dass nur ein Höchstmaß an gemeinsamen Erfahrungen und Interessen den inneren Zusammenhalt der Demokratie garantieren kann. Und das ist nun einmal in kleineren Staaten eher gegeben als in größeren, gar in solchen, die sich über kulturelle Grenzen hinweg erstrecken. Gewiss würde heute niemand auf den Gedanken verfallen, ein Land, in dem mehr als 25 Millionen Menschen leben, sei, wie Wieland einst dachte, bereits zu groß, um es noch demokratisch regieren zu können. Das wäre schon insofern absurd, als die Bevölkerungszahl insgesamt um ein Vielfaches gestiegen ist. Überdies hat der industrielle Fortschritt eine weiträumigere Annäherung vieler Bedürfnisse mit sich gebracht. Und schließlich verfügen wir über Möglichkeiten des geistigen Austauschs, von denen sich die Vordenker der Moderne keine Vorstellung zu machen vermochten. Der beschleunigte Informationsfluss befördert die Integration. Das grundsätzliche Problem jedoch ist uns erhalten geblieben, es liegt im Wesen der Demokratie begründet. Sie kann nur verbinden, was zusammengewachsen ist. Kommt ein wie auch immer begründetes Großmachtdenken ins Spiel, geht sie vor die Hunde, selbst wenn es wie noch zu Wielands Zeiten keinen Napoleon mehr gibt, der Europa auf dem Schlachtfeld zu vereinen versucht. Am Ende ist die Sprengkraft des Euro größer als die der Kanonenkugeln ehedem. Die Vereinigten Staaten von Europa, für die er geschaffen wurde, konstituieren sich auf dem Trümmerfeld nationaler Demokratien.

Wie weit wir auf diesem Weg vorangeschritten sind, offenbart der intellektuelle Diskurs. Freimütig wird vom Beginn einer neuen »postdemokratischen Epoche« gesprochen, als ob es das Selbstverständlichste von der Welt sei, geradezu eine historische Notwendigkeit, die Demokratie zu überwinden. Fast könnte man annehmen, es ginge um ein überholtes Geschäftsmodell, mit dem in der Zukunft wenig zu gewinnen sein wird: Etwas Neues muss her, um das Wachstum zu sichern. Die Investmentbanker haben uns gezeigt, wie das abläuft. Erst kaufen die Großen die Kleinen auf. Die Konzerne schlucken ein profitables Unternehmen nach dem anderen, bis man plötzlich feststellt, dass sie zu einer Größe angewachsen sind, die mehr verschlingt, als sie erbringt. Dieselben Manager, die das Monster erschufen, gehen daran, es wieder mit Gewinn zu zerschlagen, um »die Erträge in kleineren flexiblen Einheiten« zu steigern – solange zu steigern, bis es lohnt, abermals alles in einen Topf zu werfen. So entstehen und vergehen die Kartelle in der Wirtschaft wie in der Politik. Was Europa anlangt, steuern wir gerade auf den Höhepunkt der ersten Phase zu, auf die größtmögliche Konzentration. Verläuft die Entwicklung weiter nach den Zyklen der Wirtschaft, so wird das Vermögen bis zum Beginn der zweiten Phase, der Zerschlagung des Euro-Kartells, aufgebraucht sein.

Müssen wir das wirklich bis zum Ende mitmachen, erst die nationale Selbständigkeit für Europa hingeben, dann den Kontinent mit Asien zu einem posteuropäischen Eurasien verbinden, um schließlich zum politischen Weltkartell zu fusionieren, bis dann einer kommt, der uns erklärt, dass das Chaos, an dessen Erschaffung er nach Kräften mitwirkte, eine Bedrohung darstellt, der wir nur entkommen, indem wir die Welt wieder in Länder, Völker und Nationen aufteilen? Nein, wir müssen das nicht mitmachen. Wir können uns wieder darauf besinnen, wer der Herr im Hause ist. Der gesunde Menschenverstand hat noch allemal über den machtvoll vertretenen Blödsinn gesiegt. Sicher wäre es unrealistisch, auf eine Revolution zu hoffen, wie wir sie aus der Geschichte kennen. Die Gewalt gehört einer Vergangenheit an, in der die Bürger noch nicht das Gesetz auf ihrer Seite hatten. Abgesehen davon, dass nach wie vor viel zu viele auf die Obrigkeit schauen wie das Kaninchen auf die Schlange, der es ausgeliefert ist. Ebenso häufen sich aber, wie wir gesehen haben, die Anzeichen dafür, dass die Erkenntnis, wie absurd das alles ist, beschleunigt um sich greift. Die Schar der Verweigerer wächst zusehends, ihre friedliche Abkehr könnte sich zu einer neuen revolutionären Gewalt entwickeln. Nichts hat das politische Establishment mehr zu fürchten als die steigende Zahl politisch bewusster Nichtwähler. Überschreitet sie die kritische Größe, dann verliert das Kartell der Parteien seine Legitimation. Keinesfalls aber würde die Demokratie Schaden nehmen, vielmehr erlebte sie ihre Renaissance. Überfällig ist diese seit langem.

Das System der kommerzialisierten Politik stößt an die Grenzen seiner Leistungsfähigkeit. Man darf von den Berufspolitikern nicht verlangen, was auf längere Zeit hin niemand leisten kann: Diener zweier Herren zu sein. Wie sollen sie einerseits die Interessen eines politischen Betriebs bedienen, der auf seinen Selbsterhalt bedacht sein muss, und andererseits im Namen des Volkes dafür sorgen, dass dieser Betrieb dem Souverän nicht über den Kopf wächst? Sie müssten sich selbst die Karriere verbieten. Ein Ding der Unmöglichkeit in der erfolgsorientierten Erwerbsgesellschaft. Wer uns glauben machen will, dies leisten zu können, lügt sich ebenso in die Tasche wie derjenige, der es von ihm erwartet. Nur als vorübergehend aus dem bürgerlichen Erwerbsleben Entsandter kann der Politiker mit dem Anspruch auftreten, als existentiell unbefangener Volksvertreter zu agieren. Dass das unter den Bedingungen der vielfach vernetzten und hochtechnisierten Gesellschaft des 21. Jahrhunderts praktisch nicht machbar sei, ist eine Schutzbehauptung derer, die ihren politischen Job mangels anderer Verdienstmöglichkeiten verteidigen müssen. Mit ihrem Versagen widerlegen sich die Berufspolitiker selbst. Oder muss man das Schuldenmachen etwa auch von der Pike auf lernen, so wie andere Baumeister, Automechaniker oder Bäcker lernen, um etwas zu werden?

Die Berufe, die die Politiker in ihren Bioraphien angeben, haben die meisten nie ausgeübt. Der Grüne Tarek Al-Wazir ist seit seinem 18. Lebensjahr Parteiarbeiter. Der hessische Verkehrsminister Boris Rhein ist direkt vom Hörsaal in die Parteizentrale der CDU gewechselt. Wir könnten die Gehaltslisten der Kabinette, der Parlamente und der Parteien Namen für Namen durchgehen und würden fast ausnahmslos auf den gleichen Typus stoßen: den angelernten Politiker. Im Regelfall sind diese Männer und Frauen aus dem bürgerlichen Erwerbsleben ausgestiegen, noch bevor sie sich darin einrichten konnten oder wollten. Sie kamen und kommen als blutige Anfänger in die Politik. Während andere Berufs- und Lebenserfahrung sammeln, müssen sie lernen, wie man in der Partei vorankommt, wie man Flügelkämpfe übersteht, einander absägt und wie man lange Reden hält, ohne ein Wort zu sagen, auf das sich das Volk nachher berufen könnte. Auch das will gelernt sein; und es gibt viele, die das Geschäft glänzend beherrschen, sich bestens auskennen mit dem organisierten

Leerlauf. Freilich haben sie auch einen hohen Preis dafür bezahlt. Sie leben in Reservaten, die nicht mehr wertschöpfend in die Gesellschaft eingebunden sind. Die Demokratie könnte ganz gut ohne sie auskommen. Es gibt keinen Beweis dafür, dass eine längere politische Laufbahn zu einer besonderen Befähigung führt. Oder was sonst außer vielstelligen Milliardenverlusten hat die politische Lebensleistung eines Wolfgang Schäuble der Bundesrepublik Deutschland eingetragen? Was außer Blamage auf dem internationalen Parkett verdanken wir dem Berufspolitiker Guido Westerwelle? Was hat Wolfgang Schüssel zustande gebracht außer dem Aufstieg zum Bundesparteiobmann der ÖVP, was ihm schließlich das Amt des Bundeskanzlers der Republik Österreich eintrug? Was haben die Deutschen von dem SPD-Karrieristen Sigmar Gabriel zu erwarten? Bekannt ist bisher nur, dass er sich innerhalb der Partei nicht hat abdrängen lassen.

Nach allen Erfahrungen, die wir in der jüngeren Vergangenheit machen mussten, spricht nichts für die vorrangige Besetzung der politischen Führungsebene mit Berufspolitikern, die stets im Saft ihrer Parteien schmorten. Ihr Versagen liegt auf der Hand. Es verschlingt bereits unsere Rücklagen für das Alter. Da wird kaum jemand widersprechen. Ebenso sicher aber werden sich viele fragen, wer denn an die Stelle der Blender und Rosstäuscher treten soll. Schließlich muss irgendjemand für die reibungslosen Abläufe sorgen. Und genau darum geht es, um die Rückbesinnung der Politik auf ihre eigentlichen Aufgaben. Sie ist nicht der Zweck der Veranstaltung, sondern ein Instrument, das so eingesetzt werden muss, dass die Bürger frei und in Sicherheit leben können. Dies zu garantieren, versprechen sogar die Diktaturen ihren Untertanen, wobei sie freilich ihre eigenen Vorstellungen von Freiheit und Sicherheit zur Norm erheben. Eben weil die Grenzen dicht waren, sollten sich die DDR-Bürger besonders sicher fühlen. Der Staat definierte die Freiräume so, wie es die Absicherung seiner Macht verlangte. Anders in der Demokratie. Da geht alle Macht vom Volk aus. Es wird nicht von oben herunter, sondern von ihm her regiert. Die Politiker haben umzusetzen, was die Bürger für richtig halten. Entfernen sie sich von dieser Basis ihrer geliehenen Macht, können sie nicht mehr im Namen des Volkes, aus seinem Verständnis heraus handeln und entscheiden. Was ist die Demokratie noch wert, wenn die Begegnung eines Politikers mit dem Volk ein so außergewöhnliches Ereignis ist, dass sich die Medien verpflichtet fühlen, darüber zu berichten. »Zu Besuch in der Realität« titelte die *FAZ*, nachdem der deutsche Bundespräsident im November 2013 eine Mannheimer Schule besucht hatte, um, wie es in der Zeitung hieß, »der ›wirklichen Wirklichkeit‹ zu begegnen«. Geht es da nicht zu wie im Puppentheater, wo der Kaspar den Vorhang aufreißt und fragt: »Seid ihr alle da?«

Die Demokratie steht auf dem Kopf. Statt dass die Politik – und die Regierung insbesondere – die Freiheit aller verteidigte, ihr Recht, sich im Rahmen kollektiver Vorstellungen individuell zu entfalten, entwickelt der Staat aus sich heraus Vorstellungen, Konzepte, Pläne und Projekte, nach denen sich das Volk zu richten, die es zu verwirklichen hat. Je weiter sich das politische Kartell abhebt, desto weniger kann es auf die Bedürfnisse der Bürger eingehen. Probleme, die es nicht versteht, kann es nicht lösen. Um diesem Dilemma zu entkommen, um nicht in den Abgrund der eigenen Bedeutungslosigkeit schauen zu müssen, werden immer größere Fässer aufgemacht, Projekte in Angriff genommen, die sich nun wiederum dem Verständnis des Volkes entziehen, so dass es sich blindlings auf den Staat verlassen muss. Indem sie sich überhebt, macht sich die Politik unersetzlich und spielt zugleich mit dem Feuer, da sie selbst immer weniger mitbekommt, wie es da unten an der Basis zu gären beginnt.

Von den »Piraten« wurde das politische Establishment so kalt erwischt wie die Engländer vorzeiten, als die Korsaren plötzlich hinter ihren Handelsseglern auftauchten. Die Mächtigen verloren die Contenance, zitterten vor »regelloser Freiheit« und malten den »Anfang von Unfreiheit« an die Wand. Als die braven Schwaben ihren Ministerpräsidenten zwangen, ihnen wegen diverser Geschäfte Rede und Antwort zu stehen, musste sich Stefan Mappus völlig überrumpelt trollen. Beim Kampf um die Demokratie liegt der strategische Vorteil aber immer bei denen, die von unten her angreifen. Was da in Bewegung gerät, macht Hoffnung.

Die Entwicklung trifft in eine Zeit, die uns ohnehin zwingen wird, gewohnte Lebensplanungen zu überdenken und neue Ziele abzustecken. Keinesfalls werden wir, das klang schon gelegentlich an, unser Selbstbewusstsein fortdauernd aus der Freude über den materiellen Zugewinn herleiten können. Zu einem Gutteil haben wir unsere Freiheit bereits für den Wohlstand verpfändet. Mit dem Wachstum auf Pump verwandelt sich die Wirtschaftskraft zur Schimäre. Das Land, unsere Volkswirtschaft, die Gesellschaft insgesamt gerät in die Abhängigkeit von fremden Investoren, von Finanzmärkten und anderen Großmächten, von Chinesen und Russen an vorderster Stelle. Politisch wagt es der Westen schon lange nicht mehr, sich mit den wirtschaftlich erstarkten Kommunisten in Fernost anzulegen. Umsichtig wird vermieden, was den Drachen herausfordern könnte. Vorauseilender Gehorsam allüberall. Als der Dresdner Kreuzchor, das weltweit gefeierte Knabenensemble, 2013 in China gastierte, kürzte der Chorleiter das Programm mit politischer Weitsicht. Gestrichen wurde das Lied »Die Gedanken sind frei«. Einstmals, nach den Karlsbader Beschlüssen von 1819, haben es die Studenten im Kampf gegen die Zensur und die Überwachung der Universitäten durch die feudale Reaktion gesungen. Sophie Scholl spielte es auf der Flöte: 1942 vor den Mauern des Gefängnisses, in dem die Nationalsozialisten ihren Vater inhaftiert hatten.

Im Zustand der Überschuldung ist es schnell um die Freiheit geschehen, auch für den Privatmann. Sein Mut zur Opposition sinkt in dem Maß, in dem er auf den Staat als Versorger angewiesen ist. Die Freiheit, die ihm das Grundgesetz garantiert, existierte nur noch theoretisch: ein klarer Verfassungsbruch, die Folge einer Politik, die uns bis aufs Hemd ausgeplündert hat, um sich die Gunst der Wähler zu erhalten. »Dem Bürger mehr Wohltaten zu gewähren, als ihm steuerlich zustehen, ist verfassungswidrig«, so noch einmal der Staatsrechtler Paul Kirchhof. Nicht, dass das absichtsvoll geschehen wäre. Wir werden nicht von verkappten Diktatoren regiert, weder in Deutschland noch in anderen westeuropäischen Staaten; das ist keinem der Berufspolitiker vorzuwerfen. Sie sind bloß mehr oder weniger pflichtbewusste Angestellte eines Kartells. Nur gelten eben in der Wirtschaft ganz andere Gesetze als in der Demokratie. Weder taugt diese zur Spekulation noch lässt sie sich »outsourcen«. Keine Partei kann sie ersteigern, sie notiert nicht an der Börse. Sie kann nur um ihrer selbst willen erhalten werden, nicht markt-, sondern freiheitskonform. Das spricht sich langsam herum.

Die bürgerliche Gesellschaft des 21. Jahrhundert wird sich von der des zwanzigsten deutlich unterscheiden. In der erschöpften Konsumgesellschaft wächst nicht nur das Unbehagen an der Vereinzelung, es wächst ebenso die Notwendigkeit einer stärkeren bürgerschaftlichen Beteiligung. Wie alles sonst verändert der demographische Wandel das politische Leben. Dass der Bevölkerungsrückgang und die steigende Lebenserwartung den Arbeitsmarkt umwälzen werden, pfeifen die Spatzen von den Dächern. Die Wirtschaft klagt vorausschauend über den drohenden Arbeitskräftemangel. Schulter an Schulter rüsten sich die Gewerkschaften mit den Arbeitnehmerflügeln der Parteien zum Kampf gegen die Verlängerung der Lebensarbeitszeit. Ängste werden geschürt, wo es gilt, Chancen zu erkennen.

Bald schon werden die Menschen später in Rente gehen, als es der Vorruhestandsgesellschaft unserer Tage zumutbar erscheint. Sie werden das bei guter Gesundheit tun können und wollen. Das entfremdete Verhältnis zur Arbeit, von dem die Politik unverändert ausgeht, verdankt sich ja nicht kapitalistischer Ausbeutung. Vielmehr ist es ein temporäres Phänomen der Freizeitgesellschaft. Durch sie wurde ein Gegensatz aufgebaut, der dem Wesen des Menschen nie entsprach. Seit jeher war die Arbeit die intensivste Form gesellschaftlichen Zusammenlebens, sie hat den Einzelnen vor der Isolation bewahrt. Solange er arbeitet, ist er eingebunden. Das heißt, im Zuge des demographischen Wandels kann die Gesellschaft wieder näher zusammenrücken, generationsübergreifend. Der Bevölkerungsrückgang erzwingt und ermöglicht das ebenso wie die steigende Lebenserwartung. Statt das noch vor wenigen Jahren beschworene Komplott der Alten zu befürchten, sollten wir die Chancen dieser Entwicklung erkennen. Wie wir ihr wirtschaftlich entsprechen müssen, können wir sie auch politisch nutzen.

So groß das Problem des Bevölkerungsrückgangs auch sein mag, die Demokratie bedroht es keineswegs. Im Gegenteil, die Bürger werden wieder direkter in die Entscheidungsprozesse eingebunden. Wo die Verhältnisse überschaubar sind, schrumpfen die Spielräume des politischen Kartells. Das ergibt sich von selbst, ohne unser Zutun. Von einer anderen

Entwicklung können wir profitieren, wenn wir sie bewusst gestalten. Mit ihrer Verlängerung verändert sich auch die Aufteilung der Lebensarbeitszeit. Trendforscher wie Matthias Horx prognostizieren ihre »Entzerrung«. Die überkommene Dreiteilung – Ausbildung am Anfang, danach Arbeit im erlernten Beruf und Ruhestand zum Schluss – halten sie für ein Auslaufmodell, unvereinbar mit den ökonomischen Erfordernissen und den persönlichen Bedürfnissen in der Zukunft. So wie sich die Ausbildung im Zeitalter der Hochtechnologie, angesichts der fortschreitenden Verquickung von Wissenschaft und Wirtschaft, über das gesamte Berufsleben erstreckt, sollen zwischengeschobene Auszeiten die Bedeutung des Ruhestands am Ende des Lebens relativieren. Ob es genauso kommt, muss sich zeigen. Fest steht indessen, dass es die Bindung an den einen Beruf für viele schon heute nicht mehr gibt. Und nicht jeder, der öfter wechselt, tut das notgedrungen. Finanzielle Gründe sind nicht durchweg ausschlaggebend. Es geht nicht für jeden darum, wie er zu mehr Geld kommt. Nicht alle teilen diese beschränkte Weltsicht der deutschen Bundeskanzlerin; viele haben es nie getan. Manche suchen ganz einfach nach der ausfüllenden Tätigkeit, nach der Möglichkeit, etwas zu bewirken – in den verschiedensten Bereichen. Wo die wirtschaftliche Entwicklung in immer kürzeren Abständen neue Möglichkeiten beruflicher Qualifikation eröffnet, steigt der Reiz, sich auszuprobieren. Das Selbstbewusstsein wächst mit der Vielzahl der Befähigungen. Die Quereinsteiger sind gut im Rennen. Könnte es da nicht auch sein, dass sich der eine oder andere, dass sich Frauen und Männer aus den verschiedensten Bereichen des bürgerlichen Lebens wieder herausgefordert fühlen, die Interessen, die sie mit anderen teilen, als Politiker zu vertreten, vorübergehend und ohne den Zwang, daraus einen Beruf machen zu müssen?

Das verlängerte Arbeitsleben könnte doch auch ein politisch erfülltes sein.

Wir greifen der Zeit hier voraus. Und der Wunsch mag da der Vater manches Gedankens sein. In ein Wolkenkuckucksheim aber sollte dieses letzte, etwas über den Tag hinausschauende Kapitel keinesfalls entführen. Alles, was wir in freier Assoziation befürchtet oder erhofft haben, hat sich seit längerem abgezeichnet, sofern es nicht gerade vor unseren Augen geschieht: zum Beispiel vor dem Gebäude der Europäischen Zentralbank (EZB) in Frankfurt, wo die Globalisierungsgegner im Winter 2012 über Monate bei Schnee und Kälte aushielten, unter anderem versorgt mit Lebensmittelspenden der Bürger aus dem teuren Westend. »Fast jeder dritte Deutsche kann sich vorstellen, für die Piraten zu stimmen. Avanti Dilettanti, sie wünschen diesen Amateuren alles Gute. Die Piraten geben ihnen die Hoffnung zurück, dass Politik besser sein könnte«, berichtete der *Spiegel* im April 2012, während die *FAZ* etwas erstaunt bemerkte: »So groß scheint die Sehnsucht der Wähler nach einem neuen politischen Stil (oder nach einem Ende des alten), dass sie sogar ästhetische Vorbehalte überwindet, so verzweifelt der Wunsch nach Ehrlichkeit, dass er die Eingeständnisse der peinlichsten Inkompetenz in Kauf nimmt.« Immerhin gaben die Piraten noch zu, von der einen oder anderen Sache nichts zu verstehen. Man durfte hoffen, dass sie dazulernen würden, während bei den anderen, die alles zu beherrschen vorgeben, davon auszugehen ist, dass sie am Ende ihrer Weisheit sind. Weil er das dem politischen Establishment seines Landes unter die Nase rieb, machte der Komiker Beppe Grillo mit seiner MoVimento-5-Stelle-Bewegung in Italien Furore. Lange halten konnte er sich nicht. Auch um die Piraten ist es wieder stiller geworden; und wer weiß, wie lange es die AfD geben wird.

Gut möglich, sogar wahrscheinlich, dass sie alle keinen Bestand haben. Auf Dauer mochte sich die bürgerliche Gesellschaft noch nie auf die Rebellen verlassen; auch der Whistleblower Edward Snowden wird das zu spüren bekommen. Ihr unverhofftes Auftreten aber war stets ein Anzeichen dafür, dass die Verhältnisse auf eine Veränderung zuliefen. Als Friedrich Schiller »Die Räuber« schrieb, trieb das Ancien régime des Feudalismus bereits auf sein Ende zu. Die Tage der Kaiserreiche, des deutschen und des österreichischen, waren gezählt, als Karl Kraus während des Ersten Weltkriegs »Die letzten Tage der Menschheit« als eine »Tragödie in fünf Akten« darstellte. Dem Ostblock drohte schon der Untergang, als die tschechischen Dissidenten mit der »Charta 77« gegen die Verletzung der Menschenrechte durch die Kommunisten protestierten. Zu den Autoren der »Petition« zählte der Schriftsteller Václav Havel, den Tschechen und Slowaken nach der »Samtenen Revolution« von 1989 zu ihren ersten Präsidenten wählten. In dem letzten Essay, den er kurz vor seinem Tod 2011 schrieb, ist abschließend zu lesen: »Politiker tragen eine immense Verantwortung für das Weiterbestehen unseres Planeten. Packen sie ihre Aufgabe richtig an, dann werden sie nicht nur den nächsten Tag im Auge haben, sondern kühn vorausdenken. Dann werden sie den Unwillen der Menge nicht fürchten, und dann werden sie ihrer Klientel immer wieder erklären, dass Politik eben weit mehr ist als bloße Interessenvertretung. Politik hat der Gemeinschaft zu dienen. Sie sollte moralische Instanz sein.« Sie könnte es wieder werden, wenn sich die Bürger auf die wehrhafte Demokratie besinnen.

Nachwort
Europa und die Welt

Als er, der Ämter ledig, auf Rente gesetzt war, ist dem einstigen SPD-Chef und Vizekanzler Franz Müntefering ein Licht aufgegangen. »Ich glaube«, sagte er im Sommer 2013 dem *Spiegel*, »dass wir die Menschen in ihrer Fähigkeit unterschätzen, Zusammenhänge zu begreifen.« Für die Zukunft empfahl er seinen Kollegen, sie »sollten weniger Angst vor dem Bürger haben«. Zwischen den Zeilen las sich das wie die Beichte eines Berufspolitikers, der mit allen Wassern gewaschen war. »Münte«, wie er genannt wurde, wusste immer, wie der Hase läuft, dass die Politiker den Bürgern, auf die sie sich berufen, nicht über den Weg trauen. Wer so lange wie er im Geschirr einer Partei gegangen und Teil des politischen Kartells gewesen ist, macht sich keine Illusionen. Die Hybris der politischen Elite ist ihm so vertraut wie die Angst der Hochstapler, als solche erkannt zu werden. Die Klügeren unter den Machtpolitikern schweigen denn auch lieber über die Demokratie, als dass sie sie scheinheilig beschwören und unversehens durch den Kakao ziehen. Sie wissen, was sie auf dem Kerbholz haben, wenn es um die geplünderte Demokratie geht. Von Willy Brandt heißt es, er sei regelrecht aufgelebt, als er nach dem Rücktritt vom Amt des Bundeskanzlers wieder als freier Geist für die Freiheit eintreten konnte.

Warum es so weit kommen musste, dass sich die Politik der Demokratie, über die sie wachen sollte, entfremdet hat, wollte ich hier zu erklären versuchen, historisch, spekulierend und polemisch bisweilen. So ist diese Streitschrift entstanden. Öfter als anfangs gedacht, musste ich dabei in die Geschichte abschweifen, mir Rat bei den Vordenkern der bürgerlichen Gesellschaft holen, um zu verdeutlichen, was auf dem Spiel steht, soweit es nicht schon verspielt worden ist. Sind es doch nach wie vor die Ideale der Aufklärung, die Vorstellungen von der Herrschaft des gebildeten Volkes über sich selbst, die unserem demokratischen Selbstverständnis zugrunde liegen. Zu fragen war, wie sich das auf ein europäisches Großreich übertragen lässt, was überhaupt aus diesem Europa werden soll, wenn es auf einen Zentralismus zusteuert, in dem die Politik zu einer Sache der »Polit-Kommissare« zu werden droht wie weiland in der Sowjetunion. Für die strapazierte Behauptung, dass die Länder der alten Welt nur als Block wirtschaftlich konkurrenzfähig bleiben können, fanden sich keine stichhaltigen Beweise. Das politische Konzept der Großreiche gehört einer Vergangenheit an, von der wir bisher annehmen durften, wir hätten sie mit der Erlangung demokratischer Zustände hinter uns gelassen. Wer hier die Uhren zurückdrehen möchte, sei es im Glauben an einen ökonomischen Vorteil oder im Interesse des politischen Pragmatismus, sollte so offen dafür eintreten, wie es die Meinungsfreiheit erlaubt, und nicht versuchen, uns die Abschaffung der Demokratie als ihre marktkonforme Vollendung zu verkaufen. Nach allem, was wir herausgefunden haben, gibt es kein Wachstum, das diesen Revisionismus rechtfertigen könnte, schon gar nicht im westlich geprägten Europa.

Wer das nicht sehen will, verkennt die Zeichen der Zeit und die Rolle, die die Länder Europas zukünftig in der Welt spielen sollten. Eine wirtschaftlich führende wird, kann und muss es nicht sein. Die Lokomotiven werden, man mag das bedauern oder nicht, unterdessen anderswo befeuert: in Asien, in Südamerika und in Afrika demnächst. Während die Wachstumsraten dort, sieht man es über mehrere Jahre hinweg, kontinuierlich steigen, gehen sie in Europa seit fünfzig Jahren zurück. Gab es einmal kurzfristige Aufschwünge, folgten schnell größere Abschwünge, die den Abwärtstrend fortsetzten. Um sich dem entgegenzustemmen, haben die Regierungen Konjunkturprogramme aufgelegt, eines nach dem anderen. Hinauf und hinunter wurde die Steuerschraube gedreht. Die Notenbanken versuchten mit dem Leitzins Politik zu machen. Um die Wirtschaft anzukurbeln, korrigierten sie ihn weiter und weiter nach unten, in Europa zuletzt 2013 auf den historischen Tiefststand von 0,25 Prozent: fast schon eine Verzweiflungstat. Gebracht hat das alles nichts. Die Erfolge der Aktionen verpufften kurzfristig, während die Schulden zuverlässig stiegen. Längerfristig betrachtet, waren die teuren Wachstumsprogramme allesamt Fehlinvestitionen, in Europa nicht anders als in Amerika. Mit den bewährten Instrumenten kapitalistischer Konjunkturpolitik ist heute nicht mehr viel auszurichten. Sie versagen, weil wir in einer Gesellschaft leben, die das vitale Interesse am Wachstum verloren hat. Wir sind darauf nicht mehr existentiell angewiesen. Das unterscheidet uns von den aufstrebenden Ländern der Dritten Welt. Sie bedürfen des Wachstums, um überleben zu können. Sie sind noch angetrieben von dem Verlangen nach einem menschenwürdigen Wohlstand, während wir Bedürfnisse wecken, suggerieren und erfinden müssen, um die Produktion zu beleben. Uns ist, wie *Spiegel online* nach der jüngsten Zinssenkung der EZB schrieb, »allmählich die Fähigkeit zum Wachstum abhanden« gekommen.

Wenn Straßen oder öffentliche Gebäude nur noch gebaut und subventioniert werden, um für Beschäftigung zu sorgen, wenn kleinere Gemeinden Siedlungs- und Gewerbegebiete erschließen, um eine Größe zu erreichen, die das Rathaus aufwertet, dann läuft etwas aus dem Ruder. Die Idee, das Wachstum, das sich auf anderen Kontinenten von selbst, aus den Verhältnissen heraus ergibt, künstlich zu erzeugen, ist nicht nur absurd, sie ist gefährlich. In diesem Wettkampf könnten wir nur bestehen, wenn wir Katastrophen heraufbeschwören würden, die uns selbst zwängen, wieder ganz von vorn anzufangen. Das kann niemand wollen. Doch soweit muss es auch gar nicht kommen. Es genügt schon, dass das politische Kartell im Namen des Wachstums Hand an die Demokratie legt, indem es mit den Vereinigten Staaten von Europa einen Block schaffen will, der autoritär gesteuert werden müsste. Damit würden wir dann wirklich das letzte Pfund verspielen: die Freiheit der bürgerlichen Gesellschaft.

Wirtschaftlich werden uns die aufstrebenden Länder anderer Erdteile so oder so überflügeln, nicht morgen, aber gewiss übermorgen. Wenn wir in diesem sinnlosen Wettbewerb, nur weil wir uns nicht damit abfinden können, dass andere die Tête übernehmen, auch noch die Demokratie verscherbeln, hat die Welt keinen Grund mehr, auf Europa zu schauen. Weshalb sollte man uns dann weiterhin respektieren? Für den historischen Rückfall? Was die totalitäre Herrschaft eines politischen Kartells bedeutet, müssen wir den Chinesen nicht vormachen. Die Bewahrung der freiheitlichen Ordnung ist das Einzige, was dem Westen weltpolitische Bedeutung in der Zukunft sichern kann. Sobald sie im Lebensstandard aufgeschlossen haben, selbst im Wohlstand leben, werden sich die anderen daran orientieren wollen. Viele tun es heute schon. Wer materiell ausgesorgt hat, den verlangt es nach mehr, nach Bildung und Freiheit. Da könnten wir der Welt etwas vormachen, dieser Wettbewerb lohnte jede Anstrengung. Nicht über die Postdemokratie müssen wir nachdenken, sondern über das, was nach der Konsumgesellschaft kommt, was es zu bewahren und was es zu überwinden gilt.

Vor dem Hintergrund der fortdauernden Euro-Krise stellte Hans Magnus Enzensberger im Dezember 2012 »vierzig hinterhältige Fragen zu Europa«. Jede dieser Fragen konnte man mit Ja oder Nein beantworten. Alle bezogen sie sich auf den politischen Mainstream, auf das, was wir im Namen Europas tun oder lassen sollten. Eine der letzten lautete: »War die Demokratie wirklich eine so schlechte Idee, dass auf sie notfalls verzichtet werden kann?« Nachdem ich darauf spontan mit »Nein« geantwortet hatte, begann die Arbeit an diesem Buch. Zu danken ist abschließend allen, die den Widerspruch herausgefordert haben.

Roßdorf, Anfang Dezember 2013

Th. R.

Inhalt